選手に寄り添う 徹底力

大野康哉

竹書房

はじめに

甲子園出場は春夏通算42度。全国制覇が春夏計7度。とくに夏は26度の出場のうち、優勝5度、準優勝3度という強さを見せつけ「夏将軍」の異名で全国に名を知られるのが、愛媛県立松山商業高校である。

高校野球の黎明期よりライバルとしてしのぎを削ってきた高松商（香川）、徳島商、高知商といった「四国四商」の中でも、春夏の甲子園80勝、7度の優勝はいずれも最多記録。全国で唯一、大正・昭和・平成の3元号優勝という偉業を成し遂げている学校でもある。

甲子園では、幾多の名勝負も繰り広げてきた。延長18回まで無得点のまま、史上初の決勝戦引き分け再試合となった三沢（青森）との死闘が1969年夏。また、1996年夏には延長11回に及ぶ死闘の末、今なお語り継がれる「奇跡のバックホーム」で、熊本工に競り勝って日本一に輝いている。

また、松山は「打者」、「走者」、「飛球」などの野球専門用語を日本語に訳した俳人・正岡子規の故郷でもある。正岡が幼名の升（のぼる）にちなんだ「野球（の・ぼーる）」という雅号を用いたことが、後に「野球」の語源となったという説があるだけに「野球発祥の地は松山だ」と信じてやまない市民も少なくない。

もともと野球熱が高いうえに、甲子園で圧倒的な成績を残し続けたのだから、松山市民にとっての松山商は、まさに「野球王国」の象徴的存在として映っていたに違いない。


一方、私の母校は大正時代より松山商のライバルとして競い合い、県内2位の甲子園出場回数を誇る今治西である。

その今治西が、私の前任校でもあった。15年間にわたって指揮を執った母校野球部では、幸せなことに春6度、夏5度の甲子園出場機会に恵まれた。初采配の2006年夏は本塁打2本で常総学院（茨城）に打ち勝ち、2007年夏には後に西武でも活躍した熊代聖人（現・二軍コーチ）を擁して8強進出を果たすことができた。

一方で、健大高崎（群馬）に敗れた2011年夏の初戦は「機動破壊」が一大センセーションを巻き起こすきっかけとなり、2012年夏には桐光学園（神奈川）の松井裕樹投手（パドレス）に大会新記録の22三振を奪われるなど、苦い経験も数多く経験している。2015年夏には西東京の早稲田実と初戦で対戦し、日本中から大きな注目を集めた清宮幸太郎選手（日本ハム）のデビュー戦で、引き立て役に回ってしまったこともあった。

松山商への転勤は2020年4月。同じ県内のライバル、しかも公立校同士ということで、今治西出身の私が松山商の監督をするということは、プロ野球で言えば阪神のＯＢが巨人の指揮を執るぐらい〝あり得ない〟出来事なのかもしれない。私自身も正直なところ驚きを持って辞令を受け取ったものである。

私との個人的な縁で言えば、高校1年の夏に初戦コールドで敗れた相手であり、2年秋の準々決勝でもコールド負けしているのが松山商だった。監督として初めて甲子園の土を踏んだ2006年夏には、県3回戦で対戦して10－2（7回コールド）で勝利を飾っている。この快勝によってチームの勢いは加速し、甲子園まで辿り着くことができた。しかし、松山商のグラウンドには練習試合で一、二度ほど足を踏み入れたことがある程度だ。

私自身も、松山商の歴史や伝統は重々理解しているつもりである。しかし、それほどの名門校で監督をするということへのプレッシャーは、不思議と言ってもいいほどなかった。それよりも強く感じたのは、長く低迷しているチームを預かることに対して〝やるしかない〟という強い決意である。

松山商は4強入りした2001年夏を最後に、甲子園から遠ざかってしまった。直近の甲子園優勝からも、間もなく30年が経過しようとしている。

2001年以降、愛媛県からは13校が春夏の甲子園に出場した。その間には川之江が2

002年夏に4強入りを果たし、2004年春には済美が初出場初優勝で同年夏も準優勝。済美は2013年春にも準優勝、2018年夏は4強と結果を残した。2007年には私が率いた今治西が8強入りしたほか、春の県勢2校出場も4度を数えている。

一方の松山商はというと、夏は2003年から3年連続県4強が最高で、2012、17年春には準優勝しているものの、やはり勝ち切れてはいなかった。ライバル勢が全国で奮闘しながら「王国の砦」を守り続けた一方で、すでに愛媛県はかつてのような「松山商一強」の時代ではなく、常に10校前後の学校にチャンスがある戦国時代を迎えたのだった。

だから、現場を預かることになった私としては「4元号優勝」を目指すことに浪漫を感じてはいるが、20年以上も甲子園から遠ざかっている現状で、チームの選手たちにそれを押しつけようとは思わない。選手のモチベーションを上げるために私ができることは、一日一日の練習を大切にしながら、とにかく目の前の一勝を選手たちと一緒に全力で獲りにいくことしかないのだ。

どこの学校であろうが、私のやることに変わりはない。母校であろうが、伝説的な古豪であろうが、それは一緒だ。私が初めて監督をやった伯方という島の高校は、全校生徒が160人ほどの小さな学校だった。野球部員はわずかに10人。その頃から一貫して、私が大事にしてきたことがある。

まずは「大人の本気」を選手たちに見せていくことだ。グラウンドや学校生活の中で「大人って本気になればこんなこともできるんだよ」、「大人は自分の夢を叶えるために、こんなに頑張るんだよ」というものを見せ続けていくことで、選手たちも本気で応えようとしてくれるようになる。そういう気持ちが通い合うことで、チームの中には一体感が広がっていくはずだ。

そもそも、高校野球の指導者が選手に教えなければならないことの第一が「チームワーク」だと私は感じている。私が少年野球を始めた時も、当時の指導者が優しく言い聞かせてくれた「みんなで仲良くしよう」のひと言が、私の原点だ。そして、それが野球本来の姿なのだと思う。もちろん高校野球のレベルになれば、チームワークの意味はひとつだけではない。困っている仲間に気づいてあげる。相談に乗る。助ける。認め合える。そのどれもがチームワークではないだろうか。

また、チームという組織を作るうえで、私の中には「平等」と「公平」という大前提がある。監督は選手全員に対して平等であり、公平であるべきだ。少なくとも選手からは、そういう指導者だと認めてもらいたい。

そして、選手たちには「自分が今すべきことの選択」ができるようになるための指導を心掛けている。「選択の連続」である野球というスポーツにおいて、彼ら自身で選択できる力を身につけていかなければ、とても勝負にはならない。

こうした指導方針の詳細については、後の章でじっくり紹介していこうと思うが、そんな私の思いを選手たちも徐々に理解してくれているのだろう。彼らの頑張りによって、松山商は再び愛媛県上位戦線に歩を進めることができている。

2022年春には、17年ぶりに愛媛県を制することができた。翌2023年は春が準優勝で、秋には28年ぶりの優勝。転勤して以降の4年間では、2度の県大会優勝、3度の四国大会出場で、2022年からの2年間は、愛媛県の21世紀枠推薦もいただいている。春も夏も、いまだに甲子園復活は果たせていないものの、私自身、松山商が再び「甲子園に手が届くところ」にまで来ているという確かな手応えを感じている。

――古豪復活。たしかに浪漫のある話だ。また、それは私が果たすべき使命でもある、と強く思っている。多くの方々が待ち望む〝夏将軍復活〟に向けて、私の考えるチーム強化策をより多くのみなさんに知っていただくことは、私と松山商野球部がさらに大きく成長していくきっかけにもなるだろう。

そんな絶好のタイミングで、私の考えを本にまとめさせていただく機会をいただいた。

自分自身は決して本を出版するにふさわしい人間だとは思っていないが、私のいるグラウンドには毎年20人前後の若い指導者の方が、全国各地から訪ねてきてくれる。それは今治西時代からのことで、県高野連の研修制度を利用したり、あるいは個人的な研修の場にしたりして、たくさんの方々が足を運んでくださるのだ。東京や東北地方からわざわざお見えになった方もいるし、今治西の頃は遠く北海道や沖縄からいらっしゃった方もいた。

私たち公立勢は公立校ならではの制約に加え、近年はコロナなどの厳しい制限の中で、私学勢との差がますます開いていきそうな雲行きである。しかし、全国を見渡せば圧倒的に公立高校の数が多いのだ。その中で、果たして私から学ぶことが、いったいどれほどあるのかは分からないが、高校野球を志すたくさんの若い指導者の方々のために、何かお役に立てることがあるのかもしれない。

私の中には「公立の指導者に向けてメッセージを発したい」という思いが強い。また、本書は公立・私立、または指導者という枠にかぎらず、野球界にいるすべての後進のみなさん、そして選手たちや高校野球を支えてくださっているファンのみなさんに向けたメッセージだと思って、受け止めていただきたい。そしてどんなに小さなことであったとしても、この本を通じて何かしらのヒントを発することができれば、この上ない喜びである。

目次

はじめに ……… 2

第一章
今治発、松山へ
夏0勝から這い上がった野球人生

憧れの名将に導かれて ……… 18
夏0勝に終わった高校時代 ……… 20
一浪して得た大きな力 ……… 22
〃できるだろう〃という思い込みは指導者のおごりだ ……… 24
「勝ち方にこだわらず、勝つことにこだわれ」 ……… 26
史上初の「決勝今治対決」 ……… 28
甲子園は指導者にも自信をもたらす ……… 29

高校野球は相撲と同じ番付社会だ……31
冷静さを奪われた痛恨の敗戦……33
確信のバスターエンドラン……35
世界大会で再確認した日本野球の良さ……37
世界の大谷翔平にカミナリを落とす……39
コロナ禍の中、松山商へ……41
明徳義塾・馬淵史郎監督……43

第二章 「夏将軍」松山商の今と昔

伝説の古豪と愛媛県の高校野球
愛媛県民にとっての「松山商」……48
野球の島に四商あり……50
愛媛・香川戦争……53
殻を破った高松商・長尾健司監督……55
四国四県の野球……58

「野球王国」だからこその苦戦 ……… 60
寮を活用したチーム作りが強み ……… 62
「強い松山商」を知らない子供たち ……… 64

第三章

名門復活への「はじめの一歩」

寮改革から始まった再建への道

松山商の野球なんて探すな ……… 68
踏み出した改革への第一歩 ……… 70
「今」を見た指導でなければ古豪復活はない ……… 72
寮内改革 ……… 74
生活の中に野球を取り入れていく ……… 76
寮は「監督」を知ってもらう絶好の場所 ……… 78
安心感のある寮を作る ……… 81
「観の目を強く、見の目を弱く」 ……… 83
21世紀枠推薦に思うこと ……… 85

痛恨の初戦敗退 ……87
ミスが出ても挽回できるチームになろう ……89
大原則は「平等」と「公平」

第四章

選手に寄り添う指導

指導者のV・S・O・P ……92
「強くて良いチーム」になるために ……94
指導者は選手に期待されている ……97
「平等と公平」はすべての指導に通ず ……99
脱落者を出す監督は力不足 ……101
「二重罰」は科さない ……103
野球以外の仕事にも全力で取り組む ……106
「野球部の活動の一環」としての試験勉強 ……108
上下関係と新入生への「適応指導」 ……110
「安心、安全、健康」を保証する ……111

平手打ちが招いた大パニック……113
寄り添いの心と本気の声掛け……116
自分の力を出す、相手が嫌がることをやる、意表を突く

第五章
愛媛県をリードする野球のカタチ

言いすぎは「試しの場」を奪う……120
時間をかけて何かを変える……122
全国制覇を知る男たちの「心のスタミナ」……125
「練習は試合のように。試合は練習のように」……127
年代に合った主将選び……130
「守りのチーム」の中心……132
「ここぞ！」の場面で強いのがエース……135
4番打者がもたらす相乗効果……137
ピンチを大ピンチにしない……139
プレー選択の優先順位……142

簡単にアウトを渡さない送りバント ……… 144
「飛び出しアウト」は試合の流れを一変させる ……… 147
可視化のススメ ……… 149

第六章 「守りのチーム」の骨格を作る
「オオノの考え」――基本・守備編

全体練習は守りから ……… 154
ウォーミングアップはトレーニングを兼ねる ……… 156
アウトオブシーズンに基礎体力を作る ……… 159
キャッチボール――その❶
足を運び、ボールは真っすぐ投げる ……… 161
キャッチボール――その❷
「足で捕る」、「目で捕る」、「グラブで捕る」 ……… 164
連続性を意識したボール回し ……… 166
〝次〟を予測した守りを植えつけるケースノック ……… 168

ノッカーの技量が守備力を左右する……171
「自分に合った指導」を選択する力……174
「オオノの考え」――投球・打撃・走塁編

第七章

自己を確立して投げ、意図を持って打つ

投球フォームの5大チェックポイント……178
投手は自立せよ……180
投球過多防止とフォーム改良……183
打撃練習は一長一短……186
練習から意図のある打席を作る……188
「ツーラン」の走路と三塁コーチャー……191
隙間時間を活用する……193
朝練習、居残り練習は推奨しない……195
B戦をするよりも……197

終章　高校野球新時代

野球の素晴らしさを見せていく時

新基準バットでは走者三塁を作ることが大事 ……202
バット変更で公立高校は再浮上のチャンス!? ……204
進む高校野球の「二極化」 ……206
野球の楽しさと素晴らしさを見せていく ……208
球種伝達で取った点は1点もない ……211
今治の別宅で「飲みニケーション」 ……213
打ち出していきたい松山商の「色」 ……215

おわりに ……218

第一章

今治発、松山へ

夏0勝から這い上がった野球人生

憧れの名将に導かれて

私が生まれた愛媛県今治市は、県内2位、そして四国全体でも5位の人口を誇る。瀬戸内海に面した東予地区に位置し、広島県尾道市と繋がる「しまなみ海道」の四国側拠点としても有名な工業都市だ。

国内最大手の今治造船に代表される造船業は有名で、国内で建造される船舶のうち、約30%が今治に本拠地を置く会社、もしくはグループによって作られているのだという。また、江戸時代から綿の栽培が盛んだったことから、大正期になって繊維産業が発達。今では「今治タオル」として知られるタオルの生産量が、国内全体の約5割を占めるとされている。一方で、瀬戸内沿岸の温暖な気候を利用した柑橘類の栽培も盛んで、漁業の分野でも2015年にマダイの漁獲量が国内2位を記録。このように、様々な産業が栄え、常に人々の活気に満ちあふれているのが今治の町である。

そんな潮風漂う故郷で、私が初めて野球に触れたのは小学校に入る前だった。家の近所に自らの田んぼを埋め立ててグラウンドを作り、子供たちを集めて野球の指導をしてくださる方がいた。大会に出るようなチームとしての活動ではなかったが、いつも地区の子供たちが大勢集まり、ワイワイと楽しく野球を楽しむ。それが私にとっての野球のルーツである。

初めて軟式野球チームに所属したのは、今治市立富田小学校4年生の時だ。その後、今治南中学校へ進学し、ここでも学校の軟式野球部に所属した。小学校の頃はピッチャーもやったが、中学校に入ってからは内野手としてプレー。当時の私は、そこそこ足が速く、1番や3番を打つことが多いバッターだった。目指していたのは打率、出塁率が高く、いざ出塁すれば足を使って先の塁を積極的に狙うというプレースタイルである。しかし、小中学校を通じて1回戦、2回戦を勝つのがやっとのチームで、県大会出場といった目立った成績を挙げることもないまま、私は中学校3年間を終えている。

そんな実績も何もない私に声を掛けてくださったのが、今治西の矢野正昭監督だった。矢野監督は今治西を率いて春夏4度の甲子園に出場し、1973年春と1981年夏に8強、1973年夏には4強に導いている名将である。したがって、今治では知らない人はいないというほどの大人物だった。

中学時代に指導してくださった監督さんが今治西出身だった縁もあったようだが、私としてはそんなことはどうでもよかった。〝あの今治西の監督が声を掛けてくれた！〟と、天にも昇る気持ちである。それぐらい、私の中では今治西という文武両道の校風に対する憧れが強かったのだ。いや、私だけでなく地元の野球少年たちの多くが、同じように思っていたのではないだろうか。こうして私は今治西に入学し、憧れの地元校から甲子園を目指す挑戦に没頭していくのだった。

夏0勝に終わった高校時代

私が高校の頃の愛媛県は、どこが甲子園に行ってもおかしくない戦国状態にあった。私たちのひと学年上が、上甲正典監督率いる宇和島東のセンバツ初出場初優勝。ひとつ下が1990年センバツで、1大会2本のサヨナラ本塁打を放つなどの快進撃で準優勝した「ミラクル新田」である。ちなみにこの新田を率いていたのが、元松山商監督で三沢との死闘の末に1969年夏の優勝へと導いた一色俊作監督だった。

このように、愛媛代表になりさえすれば、充分に全国上位で戦っていける時代でもあった。西条や川之江あたりにも力があり、松山商もかつてのような一強状態ではなかったものの、数年に一回のペースで甲子園に出場する強豪の一角だった。

高校に入学した私は、1年夏からベンチ入りメンバーに内野手として名を連ねることができた。しかし、1年夏の愛媛大会では1回戦で敗退。相手は松山商だった。当時の愛媛県はシード制がなかったために、初戦からこのような強豪同士がぶつかることも珍しいことではなかった。その試合は、1回戦だというのに急きょテレビ中継が組まれるほどの注目を集めたが、試合は雨で1時間以上中断したうえに一方的な展開となり、1－8というコールドでの完敗だった。場所は私たちの地元、今治市営球場だった。そしてその試合を最後に、私を今治西へと導いてくださった矢野監督が、敗戦の責任を取る形で退任してしまうのだった。

レギュラーとなった1年秋は2回戦で敗退。その後も、2度の監督交代で状況を打開しようと試みた今治西だったが、なかなか結果には結びつかず。主将となった2年秋も、県の準々決勝でやはり松山商にコールドで負けている。最後の夏も、今治明徳に4－5で敗れて初戦敗退。こうして私の高校球児としての2年半は、甲子園はおろか四国大会出場すらなく、夏の大会も未勝利のまま終わってしまった。

最後の夏が終わった時、私は高校野球に対して期待外れの感を抱いた。高校野球に期待して今治西に入学したものの、何ひとつ結果を残せないまま高校野球を終えてしまったのだ。甲子園どころか、まさか夏に1勝もできないなんて……。しかし、よくよく考えてみれば、期待外れだったのは高校野球ではないことに気がついた。ガッカリしたのは、自分自身に対してだった。「やり残した」と言えるだけのことも私はやっていないと思った。それほどまでに、自分が期待していた高校野球と実際の結果とのギャップが、あまりにかけ離れすぎていたのだ。

その時に味わった無念さこそが、私が高校野球の指導者を志すきっかけになったのは間違いない。今振り返れば、本当に人生の分かれ目になった高校生活だった。

一浪して得た大きな力

〝高校野球をこのまま終えたくない〟という思いが強かった私は、高校野球の指導者になるために筑波大へと進んだ。大学でも選手としてプレーし、最上級生になってからは副主将も務めたが、在学中に全日本大学選手権や明治神宮大会といった全国大会への出場には恵まれなかった。

そもそも筑波大には、1年浪人して入学している。私は今治西という文武両道の学校で3年間学んだが、実際にはほとんどの時間を野球に費やしてきたし、正直に言えば野球を言い訳の材料にしながら高校生活を送ってきたと思っている。そして、野球で負け続けた結果、3年の夏が終わった時に〝このままでは終われない〟という強い思いが芽生えた。そして、スポーツ推薦や高校からの推薦をもらう方法ではなく〝大学だけは自分で勉強して行こう〟と決意したのだ。

しかし、私自身がもともと勉強熱心な人間ではないだけに、半年で大学受験を成功するなど難しいことだと分かっていた。私の夢を後押ししてくれた両親も、1年間の予備校通いを認めてくれた。とにかく〝俺の高校野球は、こんなはずじゃなかった〟という思いが強く、もう一度やり直したいという気持ちでいっぱいだったのである。一浪している間も、自分の力で大学に行くこと、将来は高校野球の指導者になることへの思いに、いっさいのブレはなかった。

こうして自ら勉強して筑波大に入学できたことは、私の人生にとってはとてつもなく大きな自信になった。高校3年夏以降の1年半にわたって受験勉強に没頭し、合格を勝ち得た経験は、間違いなく今現在の私を支える大きな力になっている。

現在筑波大の野球部を率いる川村卓先生は、私の1学年先輩に当たる。川村先生も私も1年浪人しているので、学年はひとつ違いだ。なお、野球の動作解析の第一人者としても活躍中の川村先生は本当に真面目な方で、一方の私は勉強だけでなく遊びにも全力を傾ける、ある意味〝模範的な学生〟だったと思う。それでも教員免許だけは持って帰ってきた。どんなことがあろうとも、高校野球の指導者になるという思いだけは、決して揺らぐことがなかったのだ。

ちなみに川村先生は、2023年シーズンまで侍ジャパン大学日本代表でコーチを務めておられた。その代表合宿が松山の坊っちゃんスタジアムで行われていた関係で、期間中にはご挨拶をさせていただく機会に恵まれた。また、2024年には県高野連主催の指導者講習会の講師として来県いただき、その際には30年以上の時を超え、同じ野球人として酒を酌み交わすこともできた。そんな機会に恵まれた私は、つくづく幸せ者だなと思う。

〝できるだろう〟という思い込みは指導者のおごりだ

教員となって最初の赴任地は、川之江だった。後に日本ハムに入団した右サイドスローの鎌倉健投手を擁し、2002年夏に甲子園4強入りした県立高校である。その後、今治市にある伯方（現・今治西伯方分校）に転勤し、私は初めて高校野球の監督となった。

伯方は、今治市と広島県尾道市の中間点に位置する「伯方の塩」でおなじみの伯方島にあり、私が着任した当時は全校生徒が１６０人ほどで、野球部員はわずかに10人のみ。それまで今治西、筑波大といった名門でプレーし、初任校も甲子園出場経験のある川之江だった私にとっては、初めて行った島の学校はカルチャーショックの連続だった。

まず驚かされたのは、練習をするグラウンドに選手たちがラインを引かないことだった。また、雨天時には、ジャージからユニフォームに着替えようともしなかった。私の経験上、考えられない出来事ばかりが続いたある日、私は飲み会の席で教頭の宇和上正先生に愚痴をこぼしてしまった。そして、私の言いぶんをひとしきり聞いていた宇和上先生が、私にこう言うのである。

「お前は、そういうことをちゃんと教えたのか？　教えなくてもできるんだったら、指導者はいらんよ。監督としては、お前もまだまだひよっこだろう。大して伯方の生徒と変わらんじゃないか」

その言葉は、私にはとても大きなものだった。私にとっては普通だったことが、すべての人々の普通とはかぎらない。また、私が経験してきた「当たり前」が、当たり前ではない人々もいる。教えていないことを選手たちができないのは無理もない話で、それを叱りつけるのは単なる理不尽でしかない。〝できるだろう〟という思い込みは、指導者の「おごり」と言っても過言ではないのだ。できないことがあれば、できるようになるまでしっかり教えてあげるのが指導者の役目なのである。

それを気づかせてくれた宇和上先生は、後に松山商で校長となり県高野連の会長も歴任されている。現在も松山商のグラウンドの近所にお住まいで、たまにタケノコやら差し入れを届けてくださる恩人のひとりだ。

伯方の6年目には今治西や川之江などの強豪を破り、春の県大会で準優勝することができた。その後、今治西への転勤が決まった時にも、たくさんの島民が私の「残留」を希望する署名運動を行ってくれた。いろんな思い出や教訓を与えてくれた島での日々は、間違いなく私の宝物だ。

「勝ち方にこだわらず、勝つことにこだわれ」

私は2005年に母校・今治西の監督となった。とほぼ同時に、中学生だった私に声を掛けてくださった矢野監督がOB会長に就任し、すべての大会に同行していただくこととなった。高校時代の私が矢野監督のもとでプレーしたのは、わずか3か月に過ぎない。しかし、もっといろんなことを教えてほしいと思っていた指導者から、大人になってもう一度学び直せる機会が訪れようとは思ってもいなかった。

矢野監督はグラウンドにも出てくださり、主にピッチャーを見ていただいていた。とくにコンディション不良の選手の手直しが上手で、熊代あたりはずいぶんと助けられたひとりだろう。

矢野監督の教えの中で、もっとも心に残っているのは「勝ち方にこだわらず、勝つことにこだわれ」ということだ。試合に勝っていても、監督とはもう少し良い打線の組み方があるのではないかと悩み、この選手の方が好調なので使ってみたいとか、いろいろと考えを変えたがるものだ。ようするに、勝ち方に色気が出てくるのである。それを強く戒めていただけたことがありがたかった。

矢野監督からは「結果を出すことに近道などない」ということも何度か聞かされた。もしかすると、矢野監督の中にも私たち世代に対する申し訳なさが燻っていたのかもしれない。その思いはわざわざ口には出さずとも、ひしひしと伝わってくるものがあった。

2006年に私が初めて甲子園に出場した時には、立場が変わったとはいえ、師弟の関係で一緒に憧れの場所に行くことができることに、この上ない喜びを感じたものである。また、私自身がもう一度球児に戻って、高校野球をやり直しているような実感もあった。

このように、大人になって受けた矢野監督からの本気の指導が、私に力を授けてくれたのは確かだ。矢野監督は2023年10月、81歳で天寿を全うされた。今は天国から、頼りない私のことを見守ってくださっていると思う。

史上初の「決勝今治対決」

2006年夏、私は母校の監督として悲願の甲子園初出場を決めた。選手時代に夏の愛媛大会で1勝もできなかったことが、高校野球の監督を目指す私の原点だった。そして、そんな私を男にしてくれた当時の選手たちには、いくら感謝しても足りないぐらいだ。

あの年の愛媛大会決勝は、今治西と今治北による史上初の「決勝今治対決」となった。今治北はその年の春に甲子園初出場を達成していたチームで、社会人野球を経てプロ野球の広島に入団したエースの西原圭大投手を筆頭に、力のある選手も多かった。

前年秋に対戦した時も今治西は敗れており、今治北はそのまま四国大会でも準優勝。同じ今治市内の学校で見事に明暗が分かれたこともあって、あの冬はずいぶん肩身の狭い思いをしたものだ。

また、当時の今治北を率いていたのが、私が川之江に新規採用で赴任した当時の木村匠監督だった。木村監督も今治西出身である。だから、特別な思いで臨んだ決勝戦だった。ただ、私以上に選手の方が「絶対に負けられない」と思っていたはずだ。今治北には中学校時代のチームメイトもたくさんいるうえ、先に甲子園出場を許してしまったのだから。とにかく「勝って甲子園に行くんだ」という気持ち以上に、期するものがあった試合だった。「今治北には絶対に負けられない。同じ相手に2度は負けられない」。それは前年秋以降のチームが潜在的に抱いていた、大きなスローガンでもあったからだ。

試合は11－2という一方的な展開で、私たち今治西が勝利した。優勝が決まった瞬間は、信じられない気持ちと〝ついに来た！〟という万感の思いが交互に去来したが、それ以上に「絶対に負けられない相手」に勝利して甲子園出場を決めたことが、言葉を尽くせないほどの喜びを与えてくれた。

甲子園は指導者にも自信をもたらす

甲子園初采配となった2006年夏の初戦は、常総学院との対戦となった。言うまでもなく、相手は春夏の甲子園で2度の優勝、2度の準優勝という実績を誇るレジェンド校だ。

とにかく緊張感が凄まじく、試合前のノックでは空振りしてしまうのではないかと思うほどだった。試合開始直後のことは緊張しすぎてほとんど記憶にないが、２回に主将の宇高幸治（早大〜日本生命）がショートでエラーを犯して失点した瞬間、私もチームも〝はっ〟と我に返ったことはよく覚えている。

試合は打撃戦になった。今治西は宇高に一発が飛び出すなど、ホームラン２本で11点を奪った。２年生エースの熊代聖人は８回に満塁弾を浴びて計８失点と苦しんだが、それでも両チーム合わせて29安打の乱打戦を制し、11－８で初陣を飾ることができた。

たしかに当時の今治西には打撃力もあったが、これはさすがにできすぎと言った方がいいだろう。２００６年夏の第88回大会は、全体で60本のホームラン（当時の大会記録）が飛び交った大会でもあった。今治西だけでも５本を放っている。私たちは３回戦まで進出して３試合を戦ったが、初戦が16安打で11得点、２回戦が17安打で12得点、３回戦が14安打で10得点。つまり、敗れた試合も含めて、すべての試合で二けた安打と二けた得点を記録しているのだ。

甲子園全体が「打たなければ勝てない」という流れに傾いていた時期ではあった。今治西も当時は打力の高い選手が揃っていたことに加え、甲子園という舞台が選手たちの力を最大限に引き出してくれたのだと思っている。それでも私は、甲子園の結果に味をしめて

「強打型のチームを作っていこう」とはならなかった。今治西のような公立校では、まずそれだけの選手が揃わないからである。

言ってみれば、勝って兜の緒を締めた夏。自分たちが目指すべき野球を見失うことなく、自分たちの力を過信しないようにと、あらためて肝に命じることができた甲子園だった。一方で初采配初勝利は、私に監督としての自信をもたらしてくれた。甲子園は高校球児だけではなく、指導者にも自信を持たせてくれる場所なのだ。その後も甲子園で数多く試合をさせていただいたが、とりわけ印象に残っているのは、やはり常総学院に勝った2006年夏の初戦である。

高校野球は相撲と同じ番付社会だ

愛媛県で野球をやっている私たちの世代にとって、2014年9月に67歳で亡くなった上甲監督の存在は非常に大きなものだった。

上甲監督は1988年の宇和島東、2004年の済美と、2校をセンバツ初出場初優勝に導いた名将である。2004年は夏も初出場準優勝で、こちらも初出場からいきなり春夏連覇に王手をかける異例の大躍進だった。2013年春にも、安樂智大投手（元楽天）を擁して準優勝を果たしている。

そして上甲監督は、長らく公立王国が続いた愛媛県に、私学優勢の時代をもたらした張本人でもある。済美が初優勝した翌年に今治西の監督となった私にとっても、決して避けて通ることのできない巨大な「壁」であったのは間違いない。とにかく「済美と上甲監督に勝たなければ甲子園には行けない」という状況なのだから、私の中にも「打倒・上甲監督」という強い意識が芽生えるのは当然のことだった。

しかし、上甲監督と私とでは親子ほど年齢が違うので、私のことはライバル視していなかったのかもしれない。恒例の愛媛県監督会が終わると、上甲監督はいつも「大野君、行くぞ」と言って私を飲みに連れ出してくれるのである。上甲監督は酒を飲まない代わりに、歌がすこぶる上手だった。どこに行っても人気者で、まさに繁華街は上甲監督のひとり舞台のようだった。

そういう場で、上甲監督から教えられた言葉がある。

「大野君な、高校野球は相撲と一緒で、前の場所（大会）で勝った方が番付上位なんだ。大会ごとに番付は変わるんだ。だから、1度優勝したからといって、ずっとトップにいられる世界じゃない。それをしっかり肝に銘じて、勝ち続けることが大事なんだ」

その後、この言葉を痛感させられる場面が何度も訪れることになる。

また、私が監督として初めて甲子園に出場した2006年夏は、愛媛大会準決勝で済美に勝利している。その試合は、7回を終えて2点のビハインド。8回も二死ランナーなしから4番の宇高が空振り三振。しかし、このボールを相手捕手が後逸してしまう。そこから長短打を連ねて同点に追いつくと、9回には勝ち越しに成功。こうして、完全な負けゲームを相手のワンミスでモノにして、私たちは勝利することができたのだった。

上甲監督は、その試合を振り返り「あの一球が俺と大野君の運命の一球だった。君はそういう運命を持った指導者なんだから、これからはもっと背負っていけ」と私に言った。あのパスボールが、上甲監督の夏3年連続出場を阻み、私に初の甲子園をもたらした。私にとっては、まさに運命を分けた一球だった。

冷静さを奪われた痛恨の敗戦

そんな上甲監督とはたくさん試合を重ねてきたが、私自身はきわめて相性が良かった。夏と秋の甲子園を懸けた大会で、2度しか負けていないのだ。通算では10勝2敗と大きく勝ち越している。

しかし、上甲監督は常に試合を支配しているかのようなオーラを出していた。自チームが上手くいっていない試合でも、自らの采配で試合の流れを大きく動かしてしまうようなすごさがあった。甲子園でもそうだったと思うが「こんなゲームをひっくり返せるのか」という試合を、いったい何度見せつけられたことだろう。あの人ほど奇跡的な勝ち方をする監督が、果たしてどれだけいただろうか。

上甲監督との間には、こんな出来事もあった。２００９年のことだ。その年のセンバツに出場していた今治西は、夏の愛媛大会を順調に勝ち進み、準決勝で済美と対戦した。その試合で今治西の選手への死球が続いたため、私はホームベースまで詰め寄って相手ベンチにいる上甲監督に対して怒りの声を上げたのだ。

わざとではないと思う。しかし、最初は4番の選手が頭部死球で試合から退場を余儀なくされ、最後はキャプテンの胸にボールが直撃した。そして、試合も5－10で敗れてしまった。当時の今治西は県内で突出したチームではなかったが、力的には済美と五分五分と見ていた。その試合も4－0でリードしているところから、ひっくり返されての逆転負けだった。

序盤から有利に流れていたゲームを、自分が冷静さを失ってしまったばかりに、選手たちに負けをつけてしまった。試合後に高野連から受けた厳重注意以上に、選手たちを負けさせてしまった事実が私には堪えた。指揮官が、試合中に冷静さを失ってしまってはならない。そのことを勝負の中で教えてくれたのが上甲監督だった。そういう意味でも、あの２００９年夏の準決勝は監督生活の中で、とりわけ大きな教訓として胸に刻まれている。

これが上甲監督に喫した２敗のうちの１敗で、もう１度の負けは安樂投手が２年生だった２０１３年夏の決勝である。この試合中、私の脳内にフラッシュバックしたのは、以前に上甲監督から授かった別のひと言だった。

「大野君、これだけは覚えておけよ。普通〝イチかバチか〟とは、イチが成功でハチが失敗なんだ。大きなリスクを背負ってやるのが、イチかバチか。でも、高校野球の世界では、ハチに成功の確信がなければダメなんだ」

確信のバスターエンドラン

２０１３年夏の決勝は、今治西が初回に１点をリードされたものの、決して悪い流れではなかった。しかし、２回に喫した３点が痛かった。

今治西は無死一塁からバスターエンドランを決められ、無死一・三塁とピンチが拡大した。負けている私たちの方が、安樂投手を相手にバスターエンドランを仕掛けるというのなら分かる。しかし、大エースの安樂投手を擁してリードしている上甲監督の方が、思い切って仕掛けてきたのだ。普通に考えれば、安樂投手ほどのピッチャーがいれば、試合を落ち着かせながら戦いたいと思うものだ。決して荒れた試合には持っていきたくないと考え、ロースコアの展開に持ち込もうとするのがセオリーだろう。しかし、上甲監督は一気に勝負を決めにきたのである。

あのバスターエンドランを決められた瞬間に蘇ってきたのが、先述の「イチかバチか」だった。あの試合の今治西のように、追いかける側がエンドランという勝負手を仕掛けるのも、本来はかなりの勇気がいる作戦だ。ところが上甲監督は、安樂投手という絶対的なピッチャーを背景に、1点をリードしている安心感の中で選手たちを動かし、作戦を遂行して突き放しにかかってきたのだ。安樂投手が投げている以上、2~3点もあれば勝ちが見えてくる。だから、普段の上甲監督であればバントはないが、私は100%バントだと思い込んでいた。つまり、バスターエンドランなどまったく私の頭の中にないのだから、上甲監督は〝ここなら決まるぞ〟と確信を持ってサインを出してきたはずだ。

私は、一塁ランナーが三塁まで走っていく姿を見ながら〝これが上甲さんの言っていたイチかバチかなんだ……〟と、ただただ唸るしかなかった。

そして、その試合が私にとっては上甲監督との最後の試合となった。上甲監督を相手にあれだけ勝ち越しておきながら、最後の対戦で負けてしまったのだ。つまり、上甲監督は私よりも番付上位のまま、天国に旅立たれたということになる。

私が今治西でそれなりに甲子園に出続けられた中で、稀代の勝負師・上甲正典監督は自分が100％で立ち向かっていける数少ない相手でもあった。愛媛県や四国の高校野球界に残された功績を思えば、じつに残念な早世だった。今年で没後10年。私が番付の上で上甲監督を逆転する機会は、もう二度と訪れない。

世界大会で再確認した日本野球の良さ

2012年にはU－18日本代表コーチとして、韓国で行われた「第25回IBAF 18U世界野球選手権大会」に出場した。監督は当時、日大三（西東京）を率いた小倉全由監督で、山梨学院の吉田洸二監督（当時は清峰）と私がコーチで脇を固めるという布陣である。

この時の代表選手が、今にして思えばじつに豪華だった。「高校BIG3」と呼ばれた花巻東（岩手）の大谷翔平選手（ドジャース）、大阪桐蔭の藤浪晋太郎投手（メッツ）、愛工大名電（愛知）の濱田達郎投手（元中日）を中心に、3季連続甲子園準優勝の光星学院（現・八戸学院光星 青森）から北條史也選手（元阪神）と田村龍弘捕手（ロッテ）、2年生では大阪桐蔭の森友哉捕手（オリックス）も名を連ねていた。

高校野球の海外遠征といえば、以前は夏の甲子園上位校の中からメンバーを選ぶという親善試合の色合いが強かった。しかし、この頃からアジアや世界の国際大会で優勝を狙う真の日本代表を選考する形となり、大谷選手のように夏の甲子園未出場の選手も選出されるようになったほか、準備のための事前合宿も行われるようになった。本当に負けが許されない高校日本代表は、あの年が最初だったのではないかと思う。

しかし、結果は6位に終わった。残念ながら日本にメダルを持ち帰ることは叶わなかったが、私自身は野球の見識を広げるという意味でも、貴重な体験をさせていただいたと感謝している。

初めて経験する国際舞台は、日本の高校野球ではまずあり得ないようなことの連続だった。勝てば決勝進出が決まるアメリカ戦は、3連投で藤浪投手が先発した。7回までリードしていた日本だが、7回無死からふたつのエラーでピンチを招く。その後、大問題となったアメリカ選手のホーム突入で森捕手が危険なタックルを受けてしまう。小倉監督はすぐさま抗議に出たが、判定が覆ることはなかった。森捕手はその後も再度タックルを喰らって脳震盪を起こし、そのまま試合から退場してしまった。

ダグアウトもひどく汚れていた。吐き出したヒマワリの種やペットボトルが、床一面に転がっている。私たちの前に試合をしたチームが、いっさい清掃をせずに帰ってしまうのだ。だから、全員で掃除をしてから試合に臨むのが日本代表のルーティンとなった。イニング間のインターバルも3分15秒と、とにかく長い。このような野球があるということを知ったおかげで、私はあらためて日本の高校野球の素晴らしさを再確認することができた。

世界の大谷翔平にカミナリを落とす

大谷翔平選手は、世界ナンバーワンの選手となった現在のように、決して明るいキャラクターではなかった。当時の日本代表には、大阪桐蔭や光星学院の選手をはじめ、関西出身者が多かった。ましてや大阪桐蔭は春夏連覇で、光星学院は3季連続で準優勝。さらに大阪桐蔭と光星学院の選手たちは、中学時代から知った間柄で仲も良い。関西の選手が強烈すぎるため、ほかの選手はなかなか自分の持ち味や力を出しにくかったと思う。

大谷選手の人間性は日本代表にふさわしいもので、本当に良い子だなと感心させられることも多かった。しかし、関西出身選手の〝我の強さ〟に、圧倒される素朴さが残っていたのも確かだ。選手としては間違いなくズバ抜けた存在ではあったが、彼がこの大会で力を出し切ったかと尋ねられたら、決してそうではなかったと思う。

じつはこの大会の期間中に、私は大谷選手に大きなカミナリを落としている。私は三塁のコーチャーズボックスから4番の大谷選手を見ていたが、いまひとつ打席内から燃えたぎる気持ちが感じられず、プレー全般でほかのチームメイトに遠慮しているようなところが見て取れた。

たまりかねた私が「お前はこんなもんじゃないだろう!」と言ったところ、世界の二刀流は「いえ。自分はこんな感じです」と返してきたものだから、私も黙っていられなくなった。「ジャパンの4番が何を言っているんだ!」と、まわりがビックリするほどの勢いで叱りつけたのだ。

それぐらい、持っているものは誰が見てもすごいのに、出し切れていない物足りなさは、たしかに感じた。ただ、そんな大谷選手の謙虚さこそが、その後の彼の成長を支える原動力だったのかもしれない。

コロナ禍の中、松山商へ

私が松山商に転勤したのは、2020年4月のことである。実際に辞令を受けた時は〝とうとう母校を去る時が来たか〟という思いだった。

今治西の選手と別れることへの、寂しさと申し訳なさはあった。しかし、教員をやっている以上は転勤も仕方がないことだ。私は今治西を離任する3月31日まで練習をしたが、練習の最後まで立ち会うことはしなかった。最後までやり切ってしまうと、選手たちからの見送りを受けることになる。おそらく、涙を流す選手や保護者もいるだろう。そういうことが容易に想像できたし、翌日からは新しい監督がやってくるのだから、私が最後までグラウンドに立ち続けるのはよくない。

私は、練習の途中で選手たちを集め「俺はここで引き上げさせてもらうけど、お前たちの高校野球はまだ続くんだ。今日は俺と別れたままで終わるのではなく、しっかり自分たちで最後まで練習をやり切って一日を終えてくれ」と告げ、慣れ親しんだ母校のグラウンドを後にした。

異動した松山商は、4月8日が始業式だった。私はその日から練習に出る予定だったが、その日の午後に県からの通達で部活動が全面中止となった。時は2020年の春。もちろん、新型コロナウイルスへの感染予防対策のためだ。しかも、その3日後には学校が休校に入ってしまった。私は寮生と一緒に、ただ事態の行く末を見守るしかなかった。

5月中旬になって学校は再開されたが、部活動は休止のままだった。そして、初めてユニフォームに袖を通して松山商のグラウンドに立った時には、すでに甲子園大会の中止が決まっていた。

私は3年生全員を寮に集めて、自分なりの気持ちを話した。

「代替大会はあるけど、時期は8月だ。お前たちには進路のこともあるし、勝っても甲子園に行けるわけではない。だから、次の3つの中から選んでくれ。ひとつ目は、もう甲子園がなくなってしまった以上、ここで野球部を離れる。ふたつ目は、本来夏の大会が行なわれる7月の開幕時期ぐらいまで活動し、先輩方と同じ期間まで野球をやった時点でユニフォームを脱ぐ。3つ目は、代替大会の最後までしっかりやり抜く。この中から決めてきてくれ」

その後、ひとりひとりと面接をしていく中で、3年生全員が代替大会を最後までやり切ることを希望してくれた。メンバーの選出についても、3年生の方から「ベストメンバーで最後まで活動したい」と言ってきたので、大会は下級生を含めたベストメンバーで臨むこととなった。しかし、3年生については全員ベンチに入れてもいい、という特別ルールが設けられたため、松山商は22人がベンチに入った。

中には、8月開催は遅すぎるとして出場を辞退する学校や、半分の部員で出場した学校もあった。そうした未曽有の混乱の中で、私は松山商での指導者生活をスタートさせたのだった。

明徳義塾・馬淵史郎監督

四国で高校野球の監督をしている以上、避けて通ることができない人物がいる。明徳義塾（高知）の馬淵史郎監督だ。

春16度、夏21度の甲子園出場で歴代4位の54勝。２００２年夏には初の全国制覇を達成し、4強が計4度、8強は計7度。甲子園では20大会連続初戦突破というとてつもない記録を打ち立て、四国大会では優勝20度。国体、明治神宮大会でも優勝を達成している。また、愛媛県の八幡浜市出身で、高校は三瓶でプレー。つまり、私たち愛媛県野球人の大先輩でもある。

馬淵監督には、非常に良くしていただいている。上甲監督と同じように、年齢が違いすぎるためにライバル視されていないのだろう。馬淵監督は、人を見る力をすごく持っていらっしゃる方だ。また、これはあくまでも私個人の思い込みかもしれないが、私がやっていることに対しては、それなりに評価してくださっているのではないかとも思っている。

相手が上甲監督や馬淵監督といった名将であれば、こちらとしても全力で向かっていくことができるし、何よりもそういった方々と試合をできること自体が嬉しい。おそらく、私はいつも以上のテンションで試合に臨んでいるはずだ。

そうやって、上甲監督や馬淵監督とたびたび試合をする機会に恵まれたこともあってか、智辯和歌山の髙嶋仁名誉監督や大垣日大（岐阜）の阪口慶三前監督といった大先輩の方々に、声を掛けていただくことも多かった。

なお、現在私が監督を務める松山商の復活を強く望んでおられる方のひとりが、間違いなく馬淵監督だ。愛媛出身の馬淵監督は「松山商で野球がやりたい」と願ったものの、親に猛反対されて三日三晩泣いたという話を聞いたことがある。今でも松山商の校歌を覚えているらしく「高校野球といえば松山商だ」と公言してはばからない。私が松山商に転勤する際にも「弱い松山商ではダメだ」と、熱心に声を掛けていただいた。

馬淵監督は、2023年に勝ち獲った悲願の世界一を花道に高校日本代表監督を勇退され、今後はより自チームの指導に集中していくものと思われる。一日も早く私たち松山商が明徳義塾のライバルと目されるよう、そして振り切られないように食らいついていきたいと思っている。

高

第二章

伝説の古豪と愛媛県の高校野球
「夏将軍」松山商の今と昔

愛媛県民にとっての「松山商」

愛媛県松山市は、野球用語を日本語に訳して後世に残した俳人・正岡子規の故郷だということもあり、古くからの野球どころとして、とりわけ高校野球の人気が高い土地である。中でも第2回センバツで優勝して以降、夏5度、春2度の全国制覇を成し遂げた松山商は、愛媛県が全国に誇る伝統校として多くの方から支持をいただいている。2001年夏を最後に甲子園からは遠ざかっているものの、県勢の甲子園最多出場、最多勝を保持する高校として、長きにわたって愛媛県の高校野球を牽引してきた存在であることは間違いない。

松山商の野球といえば、守って守って、とにかく守ってというイメージが強い。しかし、それは松山商がということではなく、以前の高校野球全体がそういう野球を目指していた。そして、それが「日本野球のスタイル」として定着し、今日に至っているのである。その中で大正・昭和・平成の3元号で甲子園優勝を達成するなど、圧倒的な結果を残してきた松山商を、人々は愛し、尊敬してきたのだろう。

松山商は、愛媛県の商業教育の主幹校である。いまだに、ひと学年9クラスと360人の定員を維持している。商業科だけでこれだけ規模の大きな高校も、全国的にはかなり珍しいはずだ。現在は学校の統廃合もあり、普通科が数クラス、商業科が数クラスという、いわゆる総合高校という形の学校が多くなっている。その中で、松山商は完全に商業高校として残っているのだ。

かつては、卒業後に地元企業へ就職する生徒がほとんどだったようだが、最近では大学や専門学校を経て地元に就職する生徒も増えてきている。そのため、松山市内に松山商の同窓生は非常に多い。さらに、松山市は四国でも屈指の高校野球どころでもあるので、野球熱の高い人たちにとっては、松山商が依然として特別な存在であることに違いはない。それらがすべて相まって、地元では根強い「松山商人気」が継承され続けてきたのだ。

しかし、今治市出身の私にとっては、今治西の存在があまりにも大きかった。私が生まれた1971年以降にかぎれば、甲子園出場回数は今治西が春夏24度に対して松山商が11度。勝利数も今治西が30勝で松山商が20勝である。この間、今治西は4度の4強、2度の8強進出を果たしている。ただ、松山商も優勝、準優勝、4強、8強がそれぞれ1度ずつあるのだから、これはさすがと言うほかない。

私が〝やはり松山商はすごい学校なんだな〟と思い始めたのは、高校野球を始めてからだった。おそらく、私たちより上の世代の方と私と同世代、または下の世代とでは、松山商に対する印象はそれぞれ違うのではないだろうか。

野球の島に四商あり

明徳義塾の馬淵監督は「野球の島に四商あり」と言って、四国そのものを「野球の島」とたとえていた。高校野球が産声を上げた時から愛媛、香川、徳島、高知の県庁所在地にある商業高校が強く、四国はおろか全国の高校野球をリードしていた。あらためて、四国四商が甲子園で残した成績をまとめてみたい。

●高松商
出場………50回（春28、夏22）
優勝………4回（春／1924、1960年　夏／1925、1927年）
準優勝……3回（春／1925、1961、2016年）
勝利数……62勝（春／37　夏／25）

●徳島商

出場……43回（春19、夏24）

優勝……1回（春／1947年）

準優勝……1回（夏／1958年）

勝利数……42勝（春／20　夏／22）

●高知商

出場……37回（春14、夏23）

優勝……1回（春／1980年）

準優勝……3回（春／1950、1957年　夏／1978年）

勝利数……61勝（春／23　夏／38）

●松山商

出場……42回（春16、夏26）

優勝……7回（春／1925、1932年　夏／1935、1950、1953、1969、1996年）

準優勝………4回（春／1930年　夏／1932、1966、1986年）
勝利数………80勝（春／20　夏／60）

このように、四商はすべて甲子園優勝を経験している。1924（大正13）年に開催されたセンバツの第1回大会で優勝したのが高松商で、翌年の第2回大会では松山商が優勝。その相手も高松商だった。そして、その年の夏には高松商が夏を初制覇。高松商は2年後の1927年夏も制し、昭和初の選手権優勝校に輝いている。松山商は1932年に2度目のセンバツ優勝を果たし、1935年には初めての夏も制している。

また、4強進出は高松商が春夏3度、徳島商が4度、高知商が3度、松山商が6度。8強進出は高松商が12度、徳島商が3度、高知商が10度、松山商が10度。一方で、四商は甲子園での並外れた成績だけでなく、夏の甲子園83奪三振の記録を持つ板東英二さん（徳島商）、火の玉ストレートで日米通算245セーブを挙げた藤川球児さん（高知商）など、数々のスターを輩出したのである。

愛媛・香川戦争

初期の四国をリードしたのは、高松商と松山商の「北四国勢」だった。センバツの第1回大会から出場している高松商と松山商の戦いは、香川と愛媛両県の対抗意識の高まりから凄まじい熱狂の中で行われ、今では考えられないハプニングの連続だったという。

1915年夏の第1回大会から1947年の第29回大会までは、四国から全国に駒を進めることができたのは1校のみ。そして、第23回大会で徳島商が初出場するまでは、香川と愛媛が優勝を分け合うという状況が続いた。それまでは香川が9勝、愛媛が13勝。ちなみに、愛媛県勢で初めて四国を制し、夏の甲子園出場を果たしたのは、米騒動によって大会が中止となった1918年の今治中（現・今治西）で、松山商はその翌年から6連覇を達成している。

そういう中での戦いだけに、グラウンド以上にヒートアップしたのは観客席の方だった。これは人から聞いた話だが、松山で行われた1925年の準決勝で高松商が松山商を下した時には、ファンがグラウンドに石を投げ込み、やがて大勢のファンがグラウンド内に雪崩れ込んで高松商ベンチを取り囲んだらしい。

また、試合の前夜には高松商の選手たちを睡眠不足にさせようと、宿舎の前でファンの人々が夜通し太鼓を打ち鳴らしたのだという。さらに、地元愛媛のチームが形勢不利になると、隣の田んぼの畔を切り、グラウンド内を水浸しにして試合を中止に追い込んだこともあったそうだ。プレーする方も観戦する方も、まさに命懸けの試合である。とにかく熱狂の度が過ぎるため、1920（大正9）年の代表決定戦は、混乱を避けるために兵庫県の鳴尾球場で実施されたという。

もちろん現在ではそのようなトラブルもなく　毎年6月中旬頃には高松商と松山商による定期戦も行われている。これは、私が赴任する以前から続く恒例行事だ。

また、松山商には通称「マツキチ」と呼ばれる熱狂的な年配のファンが存在する。法被を着込んだり修験者のような恰好をしたりして応援に現れ、試合中にほら貝を吹き鳴らす方もいた。ＯＢというよりは、松山商がダントツに輝いていた時代を知るオールドファンの方だと思う。

しかし、私が松山商に来てからは、そういった方を見かけなくなった。以前は学校のグラウンドにも現れ、バックネット裏から練習を見ていたそうだが、コロナ期間に学校への立ち入りが禁止され、試合も無観客で行われるようになったことから、次第に足が遠のいていったのかもしれない。

私としては、今治西時代も毎日10人近くの方がバックネット裏に来ていたので、どこの学校もそういうものだと思っている。ただ、松山商の試合は今でもお客さんの入りが違う。非常にありがたいことだし、試合のたびに力強い応援をしていただいている選手たちは本当に幸せ者だと思う。

殻を破った高松商・長尾健司監督

私個人としては、高松商には特別な苦手意識はない。高松商が優勝した２０１５年秋の四国大会準々決勝、９－７で敗れたのが初めての敗戦だった。あの試合も今治西が７－５と2点をリードしながら、８回に逆転満塁ホームランを打たれて敗れている。高松商はそのまま明治神宮大会でも優勝し、翌春の甲子園でも準優勝。高松商にとっては、20年ぶりの出場となった甲子園での鮮やかな復活劇だった。

これを皮切りに、２０１８年夏には高知商が12年ぶりの甲子園出場を果たして2勝を挙げると、２０２３年夏には徳島商も12年ぶりとなる甲子園出場を成し遂げて初戦を突破している。四商の中でも、私たち松山商は出遅れてしまっている。昨今の四商復活ブームの波に乗り遅れることなく、2001年以来遠ざかる甲子園に一日でも早く返り咲きたい。その思いは、日に日に高まるばかりだ。

高松商は準優勝した2016年春以降も、春夏計5度の甲子園出場。2019年には23年ぶりに香川の夏を制し、2021年には25年ぶりに夏の甲子園1勝を挙げ、松商学園（長野）に続く4元号勝利の快挙を達成している。2022年夏には、巨人ドラフト1位の浅野翔吾選手を擁して、52年ぶりとなる8強進出を果たした。

このように、近年の結果を見れば、四国四商の中では高松商が頭ひとつ抜け出していると言える。

中学校の軟式野球部監督から転身した高松商の長尾健司監督は、私の1学年先輩に当たる。そして、非常に新しいスタイルの指導を高校野球の世界に持ち込んできたように映る。和やかな雰囲気と緊張感を巧みに使い分け、選手とも積極的にコミュニケーションを取る。まさに「伝統に囚われない自然体のチーム作り」とでも言うべきか。選手の表情や態度を見ていると、その取り組みと成果をはっきりと感じ取ることができる。

もちろん、そんな長尾監督のスタイルを否定するつもりはまったくない。むしろ、そういうチーム作りの方法があるということを、素直に受け入れるべきだろう。ただ、松山商では別のやり方を選択していこうというのが私の考えである。

監督就任2年目で早々に結果が出たということも、長尾監督の強みになっているはずだ。それ以前から高松商の選手たちは、超一流の素材が揃っていた印象だった。しかし、思うような結果に結びつかず、なかなか殻を破れていないようにも見えた。それを、就任して間もない長尾監督が、見事に破ってみせたのだ。

たとえ、どんなに良い指導であっても、必ずしもそれがまわりから認められるわけではない。やはり高校野球の指導者は、結果にどう結びつけていけるかが大事なのだ。自分がどんなに良いと思っていることであっても、結果が出なければ当然まわりからは認めてもらえない。問題は結果に結びつけるために、指導者自身がしっかりした見通しを立てているかどうかだ。そこが認められてこそ、初めて選手たちが野球に自信と確信を持って取り組めるようになるのだと思う。

もちろん高松商クラスの学校になれば、伝統校ならではの難しさもあったはずだ。しかし、長尾監督は誰も文句のつけようがない結果を出して、まわりを納得させた。もちろん長尾監督の指導力あっての賜物だが、巡り合わせの良さもなければこんな短期間で結果は残せないだろう。長尾監督、そのうちバチが当たるのではないかな（笑）。

四国四県の野球

香川県は、高松商の復活で大いに盛り上がっている。２０２３年は高松商と英明がセンバツに同時出場を果たし、夏はそれまで3年連続で準優勝だった英明が制覇。この両校に代表されるように、香川県勢は甲子園や明治神宮大会という大舞台になると、平然と全国的な強豪を倒してしまう勝負強さがある。

徳島県は、故・蔦文也監督率いる池田の「やまびこ打線」があまりに強烈だったため、猛々しいイメージを持たれているかもしれないが、私から見れば〝のんびり〟した印象が強い。実力の強弱に関係なく、どこか牧歌的な雰囲気を漂わせたチームが多い。ただ、そんな空気感に油断をしてしまうと、痛い目に遭うので注意が必要だ。

高知県の場合は、やはり多くのチームが「打倒・明徳義塾」に情熱を注いでいる。頂点に立っているチームがハッキリしているので、そこにどう食らいついていくかを常に考え、各校がしのぎを削っているという状況だ。

しかし、高知の監督さんは夏の大会の決勝が終わると、すべての監督さんが集まって酒を酌み交わすらしい。「みんなで高知を強くしていこう」という風土があるのかもしれない。また、野球をやっている学校数が少ないことも、全体がまとまりやすい理由として考えられる。２０２３年夏の高知大会に出場した学校は、わずかに23校。これは、鳥取と並んで全国でもっとも少ない数のようだ。

では「野球王国」と言われた私たち愛媛県はどうか。近年の甲子園だけを見れば、とても王国などと呼ばれるほどの結果は残せていない。しかし、県内の監督さんたちのチーム作りを見ていると、やはり愛媛ならではの野球観が根づいていると感じる。甲子園の結果にかかわらず、誰もが根底に大事に持っているものがある。それは規律、礼儀、マナーの徹底指導だ。しかも、いまだにベテランから若い指導者へと継承され続けている。

そういった昔ならではの「清い野球」。そこをとても大切に守っているのが、愛媛県の高校野球界だ。強いとか弱いとか、街のチームとか田舎のチームとか、あるいは人数が多い少ないとかにかかわらず、多くのチームが共有しているものだと言えよう。

「野球王国」だからこその苦戦

現在、全国各地で語り継がれている松山商の戦績や甲子園での名勝負は、すべて過去のことだと言わざるを得ない。三沢との延長18回引き分け再試合や、奇跡のバックホームも、遠い昔の話になりつつある。最後の甲子園出場は、4強入りした2001年夏。そこから20数年も甲子園から遠ざかってしまったことで、OBや関係者のみなさまは非常に苦々しい思いをしながら、この長期間を過ごしてきたに違いない。

こうなってしまった背景には、社会情勢の影響もあるだろう。

野球部の全盛期には、県内の有力選手の多くが松山商を目指した時代があった。しかし、松山商を第一志望に挙げる中学生が少なくなっているのも事実だ。近年は大学進学を希望する生徒が多く、そういう選手はまず今治西やほかの進学校を選択するだろう。ボーイズやシニアなどで全国を経験している中学生は、特待制度のある私立に進学したり、県外からのスカウティングに応じたりするケースも多くなってきた。そういった事情がいろんな形で絡み合うことで、21世紀に入って以降の松山商は次第に甲子園から遠のいていってしまったのではないだろうか。

そして、現在の愛媛県は以前にも増して、選手の分散傾向が強まっている。松山や今治だけにとどまらず、各地域に個性的なチームや研究熱心な指導者が点在しているからだ。

かつての愛媛県は、今治西でさえも高校野球未経験の監督が率いて甲子園に行っていた時代があった。だから「甲子園を目指せるチームで野球を頑張りたい」という中学生たちが、そういう一部の学校に集まっていったのだろう。そして、そういう学校で育った人たちが、指導者として各地に分散して今に至っているのだ。今治西のOBも、多い時は10人以上が県内で監督をやっていた時期もある。

そういう意味では、どこの学校に行っても高校野球をよく研究されている指導者がいて、地域や学校の特色を活かした個性のあるチーム作りができているのが今の愛媛県だ。それは本当に喜ばしいことではあるが、現在のような少子化の中で子供が分散してしまうと、飛び抜けたチームができにくいのも事実だ。そのことが、全国ではなかなか結果が出せていない理由のひとつなのかもしれない。

しかし、それは愛媛県の指導者のみなさんが頑張っているおかげで、子供たちの選択肢が増えたということ。子供たちにとっての「良い野球」とは「自分の活躍の場がある野球」だ。そして、子供たちは個性豊かな多くの学校の中から、自分に合った学校を選択することができる。このことも、愛媛県が「野球王国」と言われる理由のひとつなのではないだろうか。

寮を活用したチーム作りが強み

松山商のように、大正から昭和にかけて黄金期を築いた学校の多くは、想像を絶する厳しさの中で鍛えられたからこそ強かった。まさしく、理不尽さに耐えながら、という時代であろう。しかし、私はそういうチーム強化の手法を、これからも続けていこうとは考えていない。かつての松山商にかぎった話ではないが、そういう時代はたくさんの選手が入部した一方で、辞めていった選手も多くいたはずだ。そして、そんな中で残った選手がたくましく育っていき、最後の夏を迎える。それが、美徳や武勇伝とされた時代だったのかもしれない。

ただ、今はそういう考え方が称賛される時代ではないし、そういうチーム作りが受け入れられることもないだろう。松山商の保護者の中には、松山商の野球部に入ったものの、途中で辞めてしまった方もいる。そんな中には、自分が叶えられなかった夢を息子に託すという方もいるかもしれない。だから、今後は松山商を選んでくれた選手や保護者の期待に応えていけるように結果を残し「松山商で野球をやって本当に良かった」と思ってもらえるように、全力を尽くすことが私のやるべきことなのだ。

ちなみに、松山商の軟式野球部も昔から強く、毎年のように全国大会に出場するほどの力がある。また、昔は硬式を辞めてしまう人たちの受け皿にもなっていたらしい。そもそも、松山商の硬式野球部に入ってくるほどの選手たちだから、能力的にはまず間違いがないだろう。

しかし、私が来てからは退部者がほとんどいない。私の思いとしても、一度預かった選手は最後まで面倒を見てあげたい。今は部員ひとりひとりも松山商野球部ならではの良さを理解し、納得したうえで活動してくれていると思う。

中学生が進学先を検討していく中で、松山商の良さとして認めてもらいつつあると自覚していることがある。それは「寮があること」だ。今治西では自宅から通うことのできない選手が下宿生活を送っていたが、松山商は寮で共同生活を送りながら高校3年間を過ごすことができる。

松山商野球部の「さくら寮」には、2024年1月の段階で2学年26人が入寮している。部員44人中の26人だから、6割の部員が同じ屋根の下で寝食を共にしていることになる。

そういう意味でも、現在の松山商は寮を活用したチーム作りが可能なのだ。
「松山商であれば寮に入って野球に打ち込むことができる」という評価がさらに高まってくれれば、中学生や保護者に安心して進路選択をしてもらえるようになると思っている。

「強い松山商」を知らない子供たち

私が伯方にいた頃の松山商は、澤田勝彦先生が率いておられた。今治西に赴任して、初めて甲子園に出た夏は3回戦で松山商に勝ち、澤田先生はその夏を最後に監督を退任されている。なお、今の私の前任が、今治西で私の3つ上の先輩に当たる重澤和史監督だ。2002年夏に川之江を甲子園4強に導いた重澤監督は、松山商にとっては近年にはなかったOB以外の監督であり、様々なご苦労の中で10年以上という長きにわたってチームを率いてこられた。

現在の松山商は、私を含めた5人のスタッフに、退職後に手伝っていただいている澤田先生を加えた6人体制で指導に当たっている。しかし、澤田先生と青野純士部長を除いて、副部長でコーチを務める吉野寿澄、高橋大地、坪倉寿徳はすべて他校の卒業生だ。野球未経験の青野部長は事務や渉外に回ってもらっているので、実際にグラウンドに立って指導する教員スタッフの中には、松山商ＯＢはいない。

たまたまそういう布陣になったわけだが、今治西時代に外から見ていた松山商は、いろんなことが空回りしているように見受けられた。それなりのレベルの選手は入ってきているし、指導者も一生懸命にされている。寮も含めて結果を出すための素地があるのに、なかなか上手く結果に繋がっていなかった。もしかすると「結果を出さなければ」という強い思いが、ストレスになっていた部分もあったのかもしれない。

とにかく松山商に甲子園に戻ってきてもらいたい、と強く願う人たちがたくさんいるということは、私もひしひしと肌で感じている。しかし、それが選手たちのストレスやプレッシャーになっては元も子もない。２０２２年春の県大会で松山商が優勝した時、意外にもそれが春夏秋を通じて17年ぶりの県制覇だと知った。ということは、２０２２年に優勝した選手全員が、甲子園どころか松山商が愛媛県で優勝する姿も見たことがないのだ。だから、まわりからかけられる期待と、現場で活動している選手たちのイメージに、かなりかけ離れている部分があっても仕方ない。

既述したとおり「古豪復活」は、私にとって高校野球の指導者として果たすべき使命だと考えており、必ず成し遂げたいと思っている。しかし、それを選手たちに押しつけることはない。私がやるべきは、今の松山商で頑張っている選手たちとともに、目の前の1勝を全力で獲りにいくということ。その結果、新しい松山商の歴史をひとつひとつ積み上げていければいい。

次の章では、松山商を再び甲子園に導くための私なりの考えをまとめてみたい。

第三章

寮改革から始まった再建への道

名門復活への「はじめの一歩」

松山商の野球なんて探すな

松山商への転勤が決まった時、私はある方から「松山に行ったら、まずは窪田さんに会いに行け」と助言を授かった。窪田さんとは、監督として松山商を春夏4度の甲子園に導いた窪田欣也さんである。1986年には、夏の甲子園個人最多安打記録（タイ）を樹立した水口栄二さん（元近鉄）を擁して準優勝。7年間で監督を退いたが「もし窪田さんが松山商の監督を退いていなければ、愛媛に上甲さんの時代は来なかった」と言う人がいるほどの名将だ。

転勤直後にコロナによる休校状態に入ったため、私は窪田監督にお願いして昼食を共にする機会を設けていただいた。その時、初対面の私に対して、窪田監督ははっきりとこう言ったのだ。

「大野君な、松山商の野球なんて探すなよ。時間の無駄だから。松山商の野球というのは、その時、その時の現場を預かってくれている監督と選手がやっている野球。それが松山商の野球なんだ。だから〝松山商の野球たるや、いかなるものか〟を考える時間があったら、自分がやりたい野球をとことんやりなさい」

新天地・松山商での監督生活は、そんな窪田監督からのありがたい言葉でスタートした。

「松山商の野球を探すな」

このひと言は、本当に大きかった。

私は、大野康哉という人間を慕って入ってきてくれた前任校の選手と断腸の思いで別れ、15年間在籍した母校から松山商に転勤した。他チームの監督として松山商を見続けながら、次第に閉塞感が漂っていく姿も見てきたし、選手が疲弊してきているのではないかという様子も伺い知ることができた。だから、思い切っていろんなことを変えていく必要があると思っていた。しかし、果たして私のような外様監督が、どれぐらい自分のやり方を通すことができるのか。正直、そんな不安もなかったわけではない。そんな矢先に、私は窪田監督からの言葉で吹っ切ることができたのだ。

「自分がやりたい野球をとことんやればいい」

腹を括った私は〝とにかく自分にしかできない野球をやろう〟と誓った。

なお、松山商の卒業生の中には、伝統校らしく輝かしい球歴を持つ方がたくさんいらっしゃるが、窪田監督のことを悪く言う方は誰ひとりいない。コロナの代替大会開催に際して、愛媛県知事からの依頼で大会アドバイザーに就任されたのも窪田監督だった。この時も、窪田監督は全球場を回り、多くの監督に激励の声掛けをして歩かれた。また、そういう行動がなかなか表面に出てこないのも、窪田監督のお人柄を表していると言っていい。それほど素晴らしい方なのだ。

踏み出した改革への第一歩

たしかに松山商には春夏の甲子園で優勝7度、通算80勝という輝かしい歴史がある。しかし、私が赴任した当初から選手に言い続けているのは「伝統とは受け継ぐものではなく、自ら闘い獲るものである」ということだ。私は今治西時代からそういう考え方でやってきた。ただ、結果が伴っていた今治西と、なかなか結果が出ていない松山商では事情も違う。そのうえ、松山商は結果が出ていないにもかかわらず、選手たちがいろんなものを背負いすぎている部分があるように見えた。

私が思うに、伝統とは継承する意味のあるものが本物の伝統だ。それ以外のものは、伝統ではなく、ただの習慣に過ぎない。その習慣も良いものであればいいのだが、そうでなければ「悪習」となって定着してしまう。だから、そう感じる部分は、私が監督となったことをきっかけに、自然と除いていけたらいいと考えた。

私が転勤してきた当初は、休校が長引いたため寮生活を送ることしかできなかった。その間、私は選手たちに「こんなところが変じゃないか」という点をいくつか挙げた。今治西時代に感じていた松山商の選手の様子などを見て、気になった6つのポイントを並べてみたのだ。

これは、あくまでも私が「ここを直していかないと良くならない」として立てた見通しだ。従来のことに対する否定的な考えではあるが、決してそれまでの監督さんや松山商そのものを批判したものではないので、そこはご理解いただきたい。次が、その内容である。

（1）指導者の責任感が、選手の過剰なストレスの原因となっている
（2）選手はルールを守ることに精一杯で、自分を試す機会が与えられていない
（3）変化に柔軟に対応することよりも「予定通り」が優先されている
（4）安全管理への意識が低く、ケガや故障、病気の専門医など救急体制が定まっていない
（5）力量と目標がかけ離れすぎていて、一歩一歩積み重ねることによって得られるべき自信が選手に芽生えていない
（6）野球部の活動への義務感が、選手の学校生活を圧迫している

失礼だと感じる部分があるかもしれないが、実際問題として結果が出ていないということは、不足しているものがあるはずなのだ。そして、私はこれらの見直しから問題点の改善に着手していった。

「今」を見た指導でなければ古豪復活はない

私が見ている松山商は、輝かしい歴史の延長線上ではなく、私が預かる手前の部分から始まっている。そして、そこにある問題点をしっかり見ていかないかぎりは、状況は改善されない。私が赴任した当初、いろんな松山商の関係者と話をすると、かつての栄光の歴史について話をしてくださる方はたくさんいた。過去の戦績を語ることで、松山商への熱い思いを私に伝えようとしてくれたのかもしれない。ただ、私が見なければいけないのは、松山商の「今」や「これから」なのだ。

私は、日頃から「今はどうなのか」を大事にしている。過去の栄光を見て今に繋がってくることが、果たしてどれだけあるのだろうか。だから私は今を大切にして、今を頑張ってくれている選手たちをしっかり見ていきたいと思うのだ。

まさしく窪田監督の言われた「松山商の野球を探すなよ。時間の無駄だ。今、現場を預かってくれている監督と、頑張っている選手がやってくれている野球が、松山商の野球なんだ」というひと言に尽きる。おそらく窪田監督も、母校がなかなか上手くいかない理由を考えていらっしゃったのではないだろうか。

現状がどうなのかということにしっかり目を向けて、何が足りないのかを考えて取り組むことができないと、強い松山商は戻ってこないと私は思っている。

私が松山商の寮に来た時には「スマホの所持は禁止」といった寮の中でのルールがいくつもあった。たしかに、それらを実行できる高校生は素晴らしいのかもしれない。しかし、生活の場である寮において、決まりやルールに縛られて毎日の生活を送ることに精一杯なようでは、グラウンドに出ていくための活力を養うことにはならないのではないか。

私は、現在の松山商には「今を見たやり方」が必要だと思っている。だから、前任校の時とはまったく雰囲気も違うし、私にとってはもはや前任校でのこともすでに「今」ではない。松山商は這い上がっていかないといけない今だからこそ、私もエネルギーをフルに使って野球部の指導に当たっている。とにかくパワー、エネルギーにあふれているチームであるべきだ。「あと一歩」とか「あと二歩」という考えではなく「あと百歩」ぐらいの気持ちがなければ、とても松山商ほどの伝統校を復活させることはできないだろう。

寮内改革

愛媛県内には、寮を持ったいくつかの公立高校がある。甲子園に出場経験のある学校でいえば川之江や小松あたりがそうで、山間部の過疎地域にある学校にも県や地元自治体が所有する寮がある。松山商の野球部寮である「さくら寮」は、窪田監督の時代に市外や県外からの選手を受け入れるために作られたと聞いている。その特徴は「同窓会館」という形式を取りながらも、あくまでも野球部独自で運営を行っていることにある。もちろん、月々の個人負担金に補助はないが、後援会やOB会から多くの支援をいただきながら、選手の生活は支えられている。

松山商に赴任した当初、レギュラー選手は全員が入寮しているのだろうと思っていたが、実際にはわずかひとりしかいないことに大いに驚かされた。結局のところ、ほとんどが県外や松山市外から来ている選手が入寮しているに過ぎなかったのだ。また、以前は学校生活に乱れがあったり、野球がしっかりできなかったりする者が入れられるかのような風潮があったと聞く。〝これではダメだ〟と思った。単に「家から通えないから入ります」とか「単に生活を正すための空間」といった寮ではなく「生活の中に野球を取り入れていく」という選手たちが共同生活をする場所でなければ、寮の意味がないと私は考えている。

まずはそのあたりから変えていく必要があったが、入寮しようと思ってもお金が必要になってくるので、こちらから積極的に誘うわけにもいかない。しかし、チームの意識を変えていかなければいけないという意味でも「寮を活用したチーム作り」は、是が非でも推し進めなければならなかった。

もともと寮生活には、先述したように様々な決まり事があった。私はそういったものの中から、必要最低限のものだけを残すことにした。現在は毎日の消灯時間を決めているわけではなく、食事は絶対に全員一斉に取るといったルールもない。さらに起床後に行っていたラジオ体操もやめ、監督の妻を「お母さん」と呼ばせるしきたりも廃止した。

そうやって、少しずつ寮の中が変わっていった。最初の頃の寮生を見ていると、良く言えばきちんとやっているし、この上なく折り目正しいのだが〝お前ら、本当にそれで楽しいのか?〟という感が拭えなかった。きっと、グラウンドでも同じだったのではないだろうか。規律やマナーを守るということに関しては、一部で踏襲している部分もある。ただ、あくまでも「グラウンドに繋がる生活にしよう」というスタンスだ。もちろん、高校野球の中だからこそ得られるものは見つけさせてあげるべきだと思うので、一般の生徒と同じようにやっているわけではない。外部から見れば、依然として厳しく映っている部分もあるはずだ。

生活の中に野球を取り入れていく

寮の中では「今、優先しないといけないことは何か」を常に考えさせている。

食事は全員で一度に取ることは可能だが、入浴と洗濯は一度にはできない。そもそも野球は「今何を選択しなければならないか」ということを積み重ねていくスポーツだ。たとえば走者一・二塁の時に、どの走者をターゲットにアウトを取っていくのかということもそうだ。そういうプレーの選択がいち早くできるように、生活習慣の中で訓練できる部分があると思う。だから「生活の中で何を優先させるべきか」を考えることは、常に野球とリンクしている。私がいつも選手たちに言っている「生活の中に野球を取り入れていく」というのは、そういうことなのだ。

公立が私立に勝とうと思ったら、学校での練習時間だけではとても及ばない。それを、どこで補っていくか。それが、松山商の場合は寮なのだ。「生活の中に野球を取り入れていく」というのが寮生活の目標であり、寮に入れない者は「毎日ひとり合宿だと思って生活しろ」と言っている。また、チーム全体のミーティングの場では、できるかぎり寮での生活の様子や私が寮の中で話をした内容を、寮生以外の部員にも伝えるようにしている。

睡眠をしっかり取ることでもいいし、食事をしっかり取って体重を増やし体作りをしていくことでもいい。バットを振ることでも、プロ野球のテレビ中継を観ることでもいい。自分の試合の映像をチェックすることでもいいだろう。いつもは騒がしい寮生たちが妙に静かだなと思って覗きに行くと、たいていの場合は自分たちの試合をまとめたＤＶＤを観ている。それらはすべて、生活の中に取り入れた野球の一部なのだ。

こうして「寮を活用したチーム作り」の重要性を選手たちに説き続けたことで、ひとり、またひとりとその後の主力選手たちが寮に入ってくれるようになった。最初はレギュラーではなく、下級生が入ってきた。私の転勤に合わせて松山商に入ってきた新入生たちである。彼らは自ら望んで入ってきた選手たちだったので、まずは彼らがどんどん変化していった。「野球で頑張りたい」という思いで入寮してきた彼らが頑張ってレギュラーになり、主力へと成長していったのだ。そして、彼らが最上級生となった２０２２年春に、17年ぶりの愛媛県優勝を勝ち獲ることができた。

だから「さくら寮」は、レギュラー限定の寮ではない。入ってきた選手たちが寮生活で自らをブラッシュアップしていき、半年後、1年後にレギュラーになっていく。通学している選手たちも、寮生たちのそんな姿を見て刺激を受け、自身の高校生活の改善に繋げている。その結果、次第に寮に入ってくる選手が増えて現在へと至っている。2024年1月時点では、2年生と1年生の26人が入寮している。そのうちの約半分が、自宅から通うことも可能な選手たちだ。そして、全員ではないものの、結果的にはレギュラーのほとんどが寮で生活を送っている。

寮は「監督」を知ってもらう絶好の場所

食事は、私の高校の同級生にも当たる妻の史子(ふみこ)が担当する。そもそも、私は転勤する前に「私たち夫婦の入寮は、ひとまず考えさせてください」と申し出ている。ようするに、妻が食事を作るということに私は反対だったからだ。大会中に食中毒などが出たら、その全責任を寮運営においては素人同然の妻が負わなければならないのか。また、寮費だけでも毎月多額のお金を管理しなければならない。だから「お金の管理を素人に任せきりにすることは大丈夫なんですか？」と訴えたのだ。

結局、妻が食事を作らなくていい、お金も第三者に管理してもらうという条件で私たちは寮に入ったのだが、様々な事情もあって結局は最初の1か月が過ぎた頃から妻が食事を作ることになった。

前にも述べたように、以前は寮母に当たる監督の妻を「お母さん」と呼んでいたらしいが、私は「彼女は、大野史子というちゃんとしたひとりの女性なんだから、そこは尊重しなさい」と言って、現在は「史子さん」と呼ばせている。妻は選手に対して常に優しく、私が見ていないところでこっそりアイスクリームを振る舞ったりしているようだ。

妻は独自に栄養学を勉強してくれているが、私自身は「これを食べた方がいい」ではなく「何を食べたいか」を優先したい。そこは私がこだわっているところだ。試合の日の朝の選手たちは、どういうものを食べたいのか。疲れがたまってきている時には、どういう食事の取り方をしたいのか。そうやって、自分が食べたいものを食べることが第一。今では、これらのほぼすべてを妻が主導で行っている。

メニューは前日までに聞いておくわけではなく、あくまでも妻の感覚を優先させているようだ。食が進まなくなっていると感じたら、弱っている内臓を回復させてあげたいので、ちょっと食事を軽めにする。食が進まない選手には「今日はもうおにぎりでいいよ」、「寝る前に食べておきなさいよ。寝る前に食べられないんだったら、明日学校に持っていって練習前に食べておきなさい」と言って渡しておく。そうやって、その場では食べられなくても、トータルでは同じ量を食べているという形を作ってくれている。「食が落ちているからもっと食べなさい」とは絶対に言わず「食べられる時に食べておきなさい」というスタンスだ。このように、練習時間の長短や選手個々の体調をもとにして、臨機応変にメニューや量をコントロールしてくれる妻には頭が上がらない。

また「食べ切らないと終わらせない」ということもない。私が寮を預かってからは、食べる量にノルマは設けていないが「体作りのために少しでもいいから、おかわりをしよう」と声を掛けている。ただ「おかわり」といっても器自体が大きいので、それなりの量にはなる。しかし、私は野球を良くするための手段にのみ食事を利用したくはない。そうしてしまうと、食事を作ってくれる妻に対しても失礼だと思うのだ。寮ではなるべく明るい雰囲気の中、みんなで楽しく食事を取る。それが一番の「食育」だと思う。楽しみながら食べることが、食べることに対する意欲を作り、それがさらなる食欲へと繋がっていくというのが私の考えだ。

私は、食事の場で選手と会話をするのはもちろんだが、妻にも積極的に話しかけて、私と妻との会話を選手たちに聞かせるよう心掛けている。寮は私が選手を理解する場である以上に、選手に私を理解してもらう場であると考えているからだ。だから私たち夫婦の会話や、時折やってくる私の娘との会話も選手たちに聞いてもらい、いろんなことを感じ取ってほしい。グラウンドでは野球の監督だが、それとは違う顔を見てもらうことも、寮生活を送るうえではきわめて大切なことだと思う。

安心感のある寮を作る

寮は、あくまでも生活の場所として「安心感がある場所でないといけない」と選手たちには伝えてある。私自身がストレスを抱えるような寮生活にはしたくないと言っているし、私にとっても寮は帰宅するべき生活の場所なのだ。

以前から行っていた朝清掃といった寮生としての義務的な奉仕活動も、現在は最小限にとどめている。朝は基本的に6時過ぎに起床。テスト期間などは夜遅くまで勉強をしているので、起床時間をもう少し遅らせることもある。消灯は普段なら24時を過ぎるが、翌日が早授業の日は23時半ぐらいには床に就かなければならない。それまでに選手たちは遅い時間まで洗濯機を回しているし、勉強もしなければいけない。睡眠時間が大きく削られてしまうこともある。このように、寮生活ではかぎられた時間の中で何を優先すべきかがその時々によって違うので、臨機応変に対応するようにしている。

寮の2、3階が選手たちの生活部屋になっているが、選手たちの体調管理は大事なことなので、私たち夫婦が生活する居間から、全室のエアコンのスイッチのオンオフを管理できるようになっている。選手たちがリラックスした時間を過ごせるようにという考えから、私が選手たちの居住空間に上がることは月に数回程度である。

とにかく松山商での指導生活において、もっとも忙しいのが寮である。15分に1回ぐらいのペースで私たちの部屋のドアを選手たちがノックするのだから、私自身は慌ただしさを感じているが、とても充実した時間を過ごせている。

繰り返しになるが、やはり寮の存在なくして松山商の復活はありえないだろう。今は、地元のトップレベルの選手が、ひとつの学校に集まる時代ではない。公立・私立に関係なく選手が多くの学校に分散し、しのぎを削り合う中で「寮を活用できる野球部」という強みは本当に大きなものだ。

おかげさまで今では入寮希望者が年々増え、中には選手が寮の部屋に空きが出るのを待っている場合もある。学校まで15分ほどの近い場所に自宅がある選手、頑張れば自転車や電車で通える範囲に自宅がある選手も、今では入寮を希望してくれることが多い。松山商なりのストロングポイントとなりつつある「寮を活用したチーム作り」というイメージが、時間をかけてようやく定着し始めてきたということなのだろう。赴任から4年。じっくり焦らず取り組んできたことの成果が、徐々に表れてきていると手応えを感じている。

「観の目を強く、見の目を弱く」

松山商にとっての最後の日本一は「奇跡のバックホーム」で熊本工を下した1996年の夏。そのチームで指揮を執っていたのが、松山商OBの澤田勝彦元監督である。澤田先生は優勝した96年夏を含めて母校を春夏6度の甲子園に導き、通算12勝5敗。通算勝率・706という輝かしい戦績を残されている。松山商は2001年夏の4強を最後に甲子園から遠ざかっているが、そのチームを率いていたのも澤田先生だった。

そんな愛媛県を代表する名将から授かった言葉がある。私が今治西の監督に就任した頃に贈られたものだが、それは今でも私の中で大切にしている金言である。

——観見(かんけん)ふたつのこと、観の目を強く、見の目を弱く

これは、もともと剣豪・宮本武蔵が書き残した「五輪書」に記された武道の極意なのだ

そうだ。観の目とは「心眼」によって観る、察すること。見の目とは、文字通り見た目上のことを指す。つまり、見た目上の判断だけでいろいろ言ってくる人たちの意見よりも、日頃から選手を観察することで得られる感覚を大事にしなさい。最後は自分の「観の目」を信じてやりなさい、ということだ。

高校野球の名門校で監督をしていると、まわりはみんな監督になったつもりで「この場面はバントだろう」とか「どうしてピッチャーを代えなかったんだ」とか、思い思いのことを言うものだ。だから、いざチームを預かって大事な試合を行う際に、選手の交代やサインひとつを出すにしても、まわりの目が気になって仕方がないという人もいるだろう。

しかし、そういうまわりの声や目に惑わされることなく、自分の目を信じてやっていけばいい。それが、澤田先生からのメッセージなのだ。試合の中の結果だけでなく、日常のグラウンドや学校生活、あるいは寮生活の中で誰よりも選手たちのことを見てきているのは、監督をはじめとする指導者たちだ。だから、何を言われようとも自分の目を信じてやれということを、宮本武蔵の言葉に置き換えて伝えてくださったのだと思う。

澤田先生はすでに退職されて現役の教職を離れているが、現在は松山商野球部の顧問という立場で週末ごとにグラウンドに顔を出されては、選手たちを熱心に指導してくださっている。その若々しい後ろ姿を拝見するたびに、私は「観の目を強く、見の目を弱く」という名文句を噛みしめている。

21世紀枠推薦に思うこと

寮を活かしたチーム作りが徐々に浸透して力を取り戻しつつある松山商は、2021年に愛媛県春夏4強、秋8強。翌2022年には春が優勝、秋が8強と安定して上位に顔を出すようになった。そしてその2年間は、ありがたいことに愛媛県高野連からセンバツ大会の21世紀枠候補校として推薦をいただき、2001年夏以来の甲子園出場に最接近した。

残念ながら、両年とも最終的には落選する結果となったが、推薦を受けたことについては間違いなく大きな一歩だった。選手たちにとっては、今までまったく見えていなかった甲子園にもっとも近づいたことで、あらためて「目標は甲子園なんだ」と認識できた大切な機会だったと思っている。とくに2022年の3年生は、私の赴任と一緒に入学してきた選手たちだ。つまり、松山商がもっとも苦しんでいた時期に入ってきた選手たちだった。

その代の主将が、何かの雑誌に「松山商で甲子園に行けるという気持ちは、まったく持っていなかった」とはっきり答えていたので笑ってしまったが、それが当時の選手たちの正直な気持ちだったと思う。ところが、4強、優勝と少しずつ結果が出ていくうちに、まったく意識の外にあった甲子園を身近に感じるようになってきたのだ。

そして、推薦をいただいたことで、甲子園に出るチームにはどんなことが求められているのかを考えるようになった。私としても、選手たちに「甲子園を狙うということは、野球で勝つだけではダメなんだ。私生活の中で自分たちの足を引っ張ってしまうようなことがあると、甲子園には行けなくなるぞ。何か問題を起こしてしまうと、こうやって載せていただいたことの倍ぐらいの大きさの記事になるからな」という話ができたことも大きかった。だから、今の松山商にとってはプラスのことばかりの推薦だったと思う。

ただし、私個人のことで言えば、正直に喜べない部分もあった。松山商は20数年間も甲子園に出ていないので、制度上の資格はあると思う。しかし、21世紀枠に推薦されるかもしれないというチームの監督が私というのは、どうも腑に落ちないものがあったのだ。その間の私は春夏11度の甲子園に行っているし、高校日本代表のコーチも経験させていただいている。そんな人間が県の4強や8強止まりでは、決して褒められた成績ではないと思うし、そういう成績で甲子園に繋がってしまうということにも違和感があった。おそらく、松山商ＯＢの方の中にもそういう考えを持った方がいたはずだ。万が一選出されて、甲子園監督として取材を受けるということにも、どこか抵抗があった。

21世紀枠は、私が伯方という島の学校で監督をしていた時にできた制度だ。当時、私たちの目標は当然甲子園出場だったが、過疎化の進む全校生徒が160人ぐらいの学校にとっては、やはり21世紀枠は大きな希望だった。本来の21世紀枠とは、そういう様々な困難を克服しながら、前向きに高校野球に取り組んでいる人たちに与えられるものだと思っている。

痛恨の初戦敗退

2023年シーズンに入っても、松山商は春の大会で準優勝。こうして甲子園返り咲きに向けて順調にステップアップを続けてきたはずだったが、夏は痛恨の初戦敗退に終わり、それまでの勢いもいったんストップしたように感じた。

愛媛県2位で出場した春の四国大会は、明徳義塾に延長10回タイブレークの末に4－5で競り負け、初戦敗退に終わっていた。非常に手応えのある試合ではあったが、松山商は勝てる試合を勝ち切れなかった。これも当然のことなのだが、明徳義塾は名実ともに四国の高校野球を牽引しているチームで、その壁はとてつもなく高い。そんな相手に全力で戦ったことの後遺症とでも言うのだろうか。春の大会以降は、脱力感のようなものが常にチームに漂っていた。正直なところ、自信よりも不安を感じながら迎えた夏でもあったのだ。指導者として、それなりの経験と実績を積んできていると思っていた私だが、夏の今治工との試合はあらためて大会の初戦、そして大会の入りの難しさを思い知らされる結果となった。シード校の松山商は2回戦からの登場。一方、ノーシードの相手は初戦で松山工に9－2の7回コールドと快勝し、投打ともに温まった状態で3日後の2回戦を迎えている。

松山商は4回に1点を先制したが、中盤に犠牲フライやタイムリーヒットを浴びて逆転されてしまう。その後も相手投手から8安打を放ち、9四死球でたびたびチャンスを作ったが、9回無死一・二塁のチャンスで併殺に倒れるなど、あと一本が出ず14残塁と攻め切れないまま1－3で試合終了となった。

もちろん、すべては私の責任だ。私自身が手堅くいこうとしすぎたのである。知らず知らずのうちに「ミスを出さないように」、「ミスが出ても繰り返さないように」と何度も指示を出していた気がする。そして、私の言葉が選手にとっては決してプラスのアドバイスにはなっていなかった。逆に〝あれ、上手くいかないな〟というゲーム展開の中で、どんどん選手たちが委縮していったゲームだったと思う。私自身は夏の初戦を何度も経験しているが、選手にとってはなかなか経験できない難しい試合なのだ。

今振り返っても、選手に前を向かせる声掛けよりも、私の慎重さが勝ってしまっていた。もちろん初戦なので手堅くいくのは当然だとしても、選手への声掛け、選手に見せるべき表情や態度などが、すべて裏目に出てしまったと思う。私にとっては、まさに痛恨の敗戦となった。3年生たちには、本当に申し訳ない気持ちでいっぱいだ。

ミスが出ても挽回できるチームになろう

「ミスから崩れない野球、相手のミスに付け込む野球」。それが私の指導してきたチームの特徴であり、おそらく松山商の伝統的な野球に繋がる部分でもあるのではないだろうか。しかし、そのような考え方が、今の選手たちの力を100%引き出してあげることに繋がっていないと、自分自身がはっきりと思い知らされた夏だった。

2023年7月17日に新チームをスタートさせた時、私はひと言目をこう切り出している。

「ミスが出ても挽回できる選手になろう。ミスが出ても挽回する。失敗しても取り返す。そういうチームになろう」

新チームがスタートする時は、選手が下級生から上級生にたった一日で変わることで、勢いよく一歩目を踏み出せるのが普通だが、とくに２０２３年夏はいつも以上の勢いを感じさせるスタートになった。やがて「挽回」という言葉を選手たちが随所に掲げるようになり、練習や試合にも活き活きと取り組んでくれるようになった。そんな姿を見れば見るほど、夏の自分の意味のないアドバイスを日に日に猛省することになるのだが、とにかく選手たちはミスが出ても引きずることなく、そして切り替えも上手に行いながら、私の言葉をしっかり遂行してくれた。

その結果、松山商は夏の初戦敗退をバネに、秋は「奇跡のバックホーム」世代以来となる28年ぶりの県優勝。選手たちの奮起によって、どん底から一気に挽回することができたのである。

あらためて自分の中にあったセオリーの脆弱さ、そして選手の力を引き出してあげることができない、理屈だけのアドバイスのつまらなさを思い知った痛恨の夏。そこから、ミスしても挽回する力を備えた選手たちが優勝という結果を残した秋。間もなく指導者生活30年目を迎えようとしている私にとっても、２０２３年は非常に学ぶことの多いシーズンとなった。

第四章

選手に寄り添う指導

大原則は「平等」と「公平」

指導者のV・S・O・P

42年間にわたって福井商の監督を務め、単独校では歴代2位となる春夏通算で36度の甲子園出場に導いた名将・北野尚文監督。春は1978年に準優勝、夏も1996年に4強進出。1986年夏からは8季連続で出場と、まさに全国の公立校を代表する大監督だ。

それだけの実績を残した北野監督とは、いったいどういう人物なのだろうか。そんな興味を抱いた私は、今治西の監督になった頃に福井商の北野監督のもとを訪ねた。

そこで私は、後に指導者生活の中で大きな柱にもなったふたつの言葉を、北野監督から授かっている。

ひとつは、有名な和歌の一首である。

――手を打てば　妓女は茶を汲み鳥は立ち　鯉が寄り来る猿沢の池

主人が手を打てば、使われている女中はお茶を持ってくる。一方、池のほとりでくつろいでいた鳥は慌てて飛び立ち、池の鯉は餌をくれると思って近づいてくる。それと同じで、ひとつの行為から3つの現象が起きるのが高校野球なのだ。それぐらい選手たちは、監督を見ながらその動向を気にしているのである。だから、恥ずかしくない振る舞いをしなければならないと、北野監督は言ったのだ。

もうひとつは指導者としてのキャリア、成長度合いを表す言葉だ。北野監督は独特の表現で、私にこう説明してくれた。

――指導者のV・S・O・P

Vはヴァイタリティ（Vitality）、Sはスペシャリティ（Speciality）、Oはオリジナリティ（Originality）、Pはパーソナリティ（Personality）である。

若い頃はヴァイタリティ（活力）で突き進み、経験を重ねていくうちにスペシャリティ（専門性）が備わっていく。さらに経験と年齢を積み重ねることで、次第にオリジナリティ（独自性）が確立され、最後に行き着くところはパーソナリティ、つまり人間性なのだと北野監督は言ったのである。

「指導者は自分の人間性をしっかり持って、選手を育てていかないといけない」と、あらためて教えられた気がする。私には大した実績はないにしても、50歳を超えて指導者人生もそろそろ中盤から後半に差し掛かってきた。つまり、OからPの段階に来ているということだ。

選手との向き合い方の基本は、自然体でなければいけない。その中で、自分という人間を、選手や保護者に分かってもらうための努力を怠ってはならないと思う。それと併せて、選手たちが共感を抱いてくれるようなひとりの大人でありたい、という気持ちが自分の中では強い。私が大人の本気を見せていくことで、選手たちが自身の将来像を作ってもらえればと願っているのだ。

それが大野康哉という高校野球の監督のオリジナリティ、そしてパーソナリティだと思っている。

「強くて良いチーム」になるために

私たちが目標とするチームの形がふたつある。ひとつは「強さ」を備えたチーム。もうひとつは「良さ」を感じてもらえるチームだ。もっと極端に言えば「強くて良いチームになれ」ということである。強いだけでもダメだし、良いだけでもいけない。目指すべき理想は、強さと品格を兼ね備えたチームだ。「あのチームはとにかく強いけど、選手の態度を見ていたら応援したくない」と言われるチームは話にならないが、まわりから「あのチームはよく頑張っている。マナーも良くて、礼儀正しいから、勝たせてあげたいよね」と言われているようでは、甲子園に手が届くまでのチームとは言えないだろう。

どこの高校野球チームも同じだと思うが、やはり「強くて良いチーム」を目指さなければならない。その第一歩として、私がまず教えていることは「チームワーク」だ。先ほども述べたように、私が少年野球を始めた時に、最初に教わったのもそのことである。繰り返しになるが、困っている仲間に気づいてあげる。相談に乗る。助ける。認め合える。そういったいくつもの繋がりを重ねていくことで、野球に通ずるチームワークが芽生え育っていく。

たとえば、悪送球をした選手ではなく、送球を受ける側の選手に「なんで止めてやらないんだ！」と叱ることがある。なぜなら、仲間が犯したミスをカバーしてあげられていないからだ。出塁した選手をバントで送ることは、自らがアウトになるということでもあるので、これも立派なチームワークだろう。とにかく高校野球はチームワークの結晶だ。ひとりひとりの繋がりが、チームに必要な「一体感」にも繋がっていく。

私は、夏に負けて帰ってきたその日から新チームの練習をスタートさせるが、そこには必ず引退したばかりの3年生全員が立ち会い、練習の手伝いをしてくれている。3年生には「今日という日を負けたまま終わるな。後輩たちと一緒に次に向けてのスタートを切って区切りを付けなさい」と言って練習に加わってもらうのだが、彼らは本当に一生懸命やってくれる。ノックを打ってくれたり、ティーを上げてくれたり、打撃投手を目一杯やってくれたりしてすべてが終わる。そこもまた、世代を超えたチームワークを感じる光景だ。

また、チームが本当の強さを備えていくためには「育てながら勝つ」という意識も必要だろう。勝利と育成の両立は非常に難しいものだが、そこについては監督がしっかりと責任を持つべきだ。いろいろとやった結果、最後は3年生だけになるかもしれないが、絶対に「谷間の学年」を作ってはいけない。下の学年を育てながらチーム作りを進め、一定のレベルで新チームをスタートさせられるように、指導者は責任を持たなければならない。

たとえば、5月の大型連休が終わった頃までに、次の新チームの中心を任せられる下級生の目途が立ったとする。しかし、3年生の中に同じ力量の選手がいた場合、夏の大会でどうしても下級生が必要でなければ、その時点で下級生は新チームへの準備に切り替えさせることもある。なぜなら、それまでに新チームでの活躍に見通しが立っているからだ。

逆に下級生を夏の大会で起用する時には、結果が出やすい場面で起用してあげることも大切だ。1年生の「ビギナーズラック」と違って、それなりに失敗経験も重ねている2年生は、調子の上がっている頃合いを見計らってベストのタイミングで起用し、結果を出させてあげるように努める。そうして積み上げた選手の成功体験が自信を生み、チームの「強さ」にもなっていくのだ。

指導者は選手に期待されている

硬式で優秀な成績を残した中学生の多くが、強豪私学からのスカウティングに応じて県外に出ていく。「野球王国」と言われたここ愛媛県でも、近年はそのような高校野球界の流れに抗えなくなってきた。もちろん県内の私学も選手獲得に必死だし、公立各校も選手の分散傾向が強い県内で取り残されてはいけないと、地元の中学生に残ってもらうために一生懸命努力を続けている。

ただ、私自身は選手の視察やスカウティングを基本的にはしない。松山商は、実業系の高校としては県内トップクラスの人気を誇る公立高校だ。たとえ有力な選手に「松山商で一緒に野球をやろう」と声を掛けたとしても、一般入試の競争倍率が高いため必ずしも入学できるとはかぎらない。

何より、私には現場に松山商の選手たちがいる。彼らは「松山商で野球をやりたい」と自身が希望し、あるいは監督である私を選んで入ってきてくれた者たちだ。だから、私が最優先すべきは彼ら選手たちなのである。たとえ「良い中学生がいる」という情報をいただいても、私は高校のグラウンドに残って選手にべったり付いている。副部長あたりに行ってもらうことはあっても、私自身が直接足を運ぶことは年に2度もあるだろうか。本当にうちに来てくれるかどうかも分からない選手のために割く時間があるのなら、私は今日も頑張ってくれている自チームの選手に声を掛け、見守ってやりたいと思う。

精力的にスカウティングを行っている強豪私学であれば、指導者が選手に期待して入学への道筋を用意し、野球部に入部させるという流れになるはずだが、私たちの野球部ではまったく逆で、選手や保護者が野球部や指導者に期待して入ってきてくれている。また「負ける」ということが選手にとってどれだけつらく、厳しく、寂しいことなのかを、私は高校時代の経験から痛いほど知っている。だから、選手たちに同じ思いをさせたくないし、私と一緒に野球をやることを選んでくれた選手や保護者の期待に応えていく責任がある。

毎日の練習では、必要なことをどれだけ自分が示してあげられるか。そのためには、何が必要なのかを考えながら指導に当たっている。選手たちには、指導者との出会いを後悔してほしくない。高校野球に取り組んだことを後悔してほしくない。今、目の前にいる選手たちに寄り添い、ともに勝利を目指していく。その結果として甲子園に行くことになれば、自ずと中学生たちは松山商を希望してくれるようになるだろう。

現役の選手は、常に私がグラウンドにいることで息が詰まっているかもしれないが、特別な何かを指導してあげられなくても、監督が選手と一緒のグラウンドに立つことは、本当に大切なことではないかと思う。

つまり、私にとってのスカウティングとは「預かった選手の面倒を最後まで見ること」、「選手や保護者が望む結果を出し続けること」のふたつなのだ。

「平等と公平」はすべての指導に通ず

高校野球の指導者である前にひとりの保健体育科教員でもある私が、普段の生徒指導で何よりも大事にしていることがある。それは第一に「全員に対して平等・公平であること」だ。私は生徒を良い悪いに分けるのではなく、行為としての良し悪しをはっきりと示したうえで指導することを心掛けている。

学校に通う野球部員を含めた高校生の中には、毎日平然と通学しているようでも、家庭や友人との問題など様々な悩みを抱えている生徒もいる。そういった目に見えない部分をどれだけ理解してあげられるかが、まず私たちに求められる「指導力」だ。生徒や部員を理解していくという点に関しては、私たち教員は専門家である。ところが、選手が指導者を理解してくれていなければ、こちらの言いぶんだけを押しつけても本当の結びつきは生まれない。そういう意味では、私にとって大野康哉という人間を理解してもらえる寮があることは、非常に大きな意義を持つ。

私は寮でも平気で酒を飲むし、何かの記念日には選手と一緒に食堂でご飯を食べながら、ワインを嗜むこともある。指導者と選手がお互いに認め合える関係を築けていなければ、まずそういったことは許されないだろう。

また、私が会食などの用事で早めにグラウンドを離れる時には「今日はちょっと用事があるから」と濁した言い方はせず「今日はどこで誰と飲み会があるから、早めに上がらせてもらう」と言って、なるべく具体的に早退理由を選手たちに報告している。普段は選手に物事の理由に対する説明責任を求めているのに、指導者がそうしないのでは説得力が生まれない。プライバシーに関することを曝け出す必要はないが、コーチたちにも同様に早退理由をきちんと説明してもらうようにしている。何事もまずは大人が率先して行動することが、一番の説得力を持つことになるのだ。

生徒に罰走を科す時は、私も一緒になって走る。伯方時代には、外周16キロの島を1周したこともあった。今はそこまで走ることもないが、ポール間はいまだに走るしダッシュは選手と競争もしている。選手がトレーニングをしていれば、その傍らに立って懸命に声を張り上げる。大人の本気を見せるという意味もあるが、そこも私が掲げる「平等・公平」の在り方である。指導者と選手は役割が違うだけで「同じ目的を持って努力するべきである」というのが私の考えなのだ。

このように、あらゆる場面で選手同士は「平等と公平」が大前提であり、指導者の行動には選手に対する説得力がなければいけないというのが、私の指導における基本理念だ。

脱落者を出す監督は力不足

愛媛県大会では20人のベンチ入りのうち、ベンチワークができるメンバー2、3人を必ず入れるようにしている。つまり、試合には出ないが、ベンチの仕事ができる者。ブルペン捕手やサードコーチャーがまさにそれに当たるが、ほかにもいろんなことに気がつき、飲み物の準備や試合前の道具点検の補助など、チームが試合に集中しやすいように気を回すことができる者も必要だ。また、そういう目には見えにくい頑張りへの評価も、日頃の活動から欠かしてはならない。

試合に出ている選手だけを見ているようでは、高校野球の監督として失格である。そもそもコーチ（指導者）とは、目的地まで連れて行ってくれる「馬車（coach）」が語源だと聞いたことがある。そういう意味でも、指導者は全員に対して平等であり公平であるべきで、ひとりひとりの期待に応えていく努力をするべきだ。少なくとも、選手からはそういうふうに感じてもらっていないといけないと思う。

メンバー外の選手を室内練習場やトレーニング場に押し込めて、その練習を選手に任せきりにするというやり方は、私にはとても考えられない。また、期待に胸を膨らませて入部してきた選手たちが、かつてのように途中で挫折して辞めていくような野球部であってはならない。もちろん、そういうチームが現代に残っているとは考えにくいし、残っていたとしてもなかなか周囲から認められることもないだろう。

誰でもそうだと思うが、人は自分のことを正当に評価してくれる人に付いていくものだ。いくらレベルの高い選手が何人も出てくるチームであっても、退部者がたくさん出るようでは、監督としての力不足を露呈しているようなものだと思う。

選手たちにも「自分は全員に対して平等であり、公平であることを一番大切にしているつもりだ。そして、そのことが自分にとっては一番大変なことなんだ」と私は話をしている。選手に求める負担は、指導者も同様に負うべきなのだ。

コーチには、私が選手に対して行っている指導と同じやり方で、選手と接してほしいと思っている。私からコーチ陣に伝えているのは「上手い下手に関係なく、全員を同じように見てやってほしい」ということだ。松山商のコーチ陣はみんな若いが、本当によくやってくれていると思う。控えの選手たちが、みんな活き活きとした顔で野球をやってくれているのが何よりの証だろう。

コーチ陣も、控え選手はチームを支えてくれる大切な一員なのだ、と分かってくれているようだ。どれだけレベルの高い選手が育っても、部員が辞めていくようなチームは底力がないのだから魅力的だとは思わない。

甲子園に行くために必要なのは、優秀な選手を揃えることかもしれないが、ひとりひとりの存在が大切にされているチームの選手はなんとも活き活きしており、その底力を侮ることはできないのだ。

「二重罰」は科さない

なお、私が選手を一番叱りつけるのは、やはり平等性を欠いていると見受けられた時だ。自分だけ楽をしようとしている態度は見逃してはいけないし、人を見下すような言動が見受けられたら、その時には退部を迫ることもある。

以前、同じポジションの選手に「お前らのレベルなら、そんなに頑張らなくてもいいよ」という趣旨の発言をした者がいた。そのことが副部長を通して私の耳に入ってきた。私は、そうした発言を絶対に許さない。だからすぐに選手の保護者を呼び、目の前で「次にやったら退部だからな」と通告したこともある。

そこは、今治西時代から大事にしてきた「一体感」にも繋がることなので、私の中で絶対に疎かにすることはできないと思っている部分だ。

その後、その選手はどんどん良い方向へと変わっていった。おそらく、自分の言ったことがいかにカッコ悪かったかに気がついたのだと思う。彼はレギュラー選手に定着し、いろんな面でチームメイトを引っ張ってくれるようになった。

このように「罪を憎んで人を憎まず」の言葉の通り、人の良し悪しで分類せず、行為に対して指導していくのが私のやり方だ。

また、私は選手が学校内で「指導」を受けたことについて、野球部でさらに指導を加えるという「二重罰」を科さない。

たとえば、自転車のヘルメットを被っていなくて3日間の自転車通学禁止を言い渡された選手は、学校からの指導を受けている3日間は、練習への参加は認めない。あるいは学校での決まりを破ったり、学習の状況が不充分で教科指導の先生に指導を受けたりした者に対しても同様である。しかし、それとは別に野球部として独自のペナルティを科すことはしない。指導を受けて反省ができていれば、それ以降はその選手を試合に使わないということもない。

いけないことをした生徒を指導する時には、できるだけ短期間で終わらせるというのが私のやり方である。これも二重罰の考え方と一緒で、何度も畳みかけるように叱ることはしない。ほかの者を見下すような発言をした選手に対して「あの時にこんなことがあっただろう?」と数か月後に繰り返すことはあっても、それはあくまでも「教訓」として残すために言っているに過ぎない。だから、個人として叱る時は、その場かぎりで終わらせると決めている。

とくにコロナ以降は、二重罰は絶対に科さないと心に決めた。松山商に来た最初の夏に甲子園が中止。今治西を離れる時も最後の大会は中止となり、練習試合すらできなかった。〝こんなことが本当にあるんだな〟というのが正直な気持ちの中〝これ以上、この子たちから野球を取り上げるようなことを絶対にしてはいけない〟と思うようにもなった。その時の経験から、学校内で指導を受けた者に野球部の中で再度ペナルティを与えることはしてはならない、と私自身が誓ったのだ。

野球以外の仕事にも全力で取り組む

野球部は、あくまでも学校の部活動のひとつだ。そして、外部監督ではないかぎり監督もいち教員に過ぎない。そこを履き違えてしまっては、まわりから充分な理解を得ることはできないだろう。したがって、私たち高校野球の指導者は、教員としての本分を決して疎かにしてはならない。

そして、監督という立場にある教員が、学校の中のどういう立場で日頃の業務に当たっているか。とくに学校の中における監督の立ち位置が、学校から見た野球部の評価の一部に繋がっていることを肝に銘じておくべきだ。

たとえば、学校生活において野球部は特別であるかのような言動があると、野球部を良く思わない人も出てくるだろう。たしかに、監督は野球部の活動に対して多くの時間と情熱を注いでいることに間違いはないが、仕事はそれだけではないのだ。野球部員への指導はもちろん、授業やクラス運営、生徒指導に教育相談、学校行事の運営など、私たちの仕事は多岐に及んでいる。

そして、そこにどれだけ真剣に取り組んでいるか。教員としての仕事ぶりを見られているということを、決して忘れてはならない。野球部員に日頃言っていることに説得力を持たせるためにも、そういう野球部での指導以外のことにも全力で取り組むべきなのだ。

また、グラウンドではすごく厳しい監督であったとしても、野球部員ではないクラスメイトが「大野先生の授業は楽しいよね」、「大野先生は学校行事の時はすごく頼りになるよね」と評価してくれたら、野球部員も素直に喜んでくれるだろう。また、野球部員に「学校生活をしっかりするように」と言い続けているように、私たち自身も学校での業務にしっかり取り組むべきだ。

このように、野球部の指導以外の仕事を疎かにせず、当然のこととして一生懸命に取り組むことが、結果的には野球部の活動にもプラスになって返ってくるのは間違いない。そうやって、日頃の努力が認められることで、校内の仲間からいつも応援される野球部でありたいと思っている。

「野球部の活動の一環」としての試験勉強

試験前でも練習をやらない日はないが、その中でも時間をかける日と、早く練習を終えて勉強する日を設けている。野球の場合は練習をいったん始めると、前後のグラウンド整備も含まれるのでどうしても時間がかかってしまう。試験前は最大2時間まで、1時間までと練習時間が決まっている学校も多いと思うが、実際のところその時間内で野球の練習をまとめるのは非常に難しいものがある。ましてや、松山商のように部員が多い学校ならなおさらだ。

そうやって、みっちり練習する日と軽く汗を流して終わる日がある一方で、教室や部室で教師が付いて勉強する時間も設けている。当然、部員は野球の方に気持ちが傾きがちだが、指導者は定期考査や検定試験に目を向けさせることを怠ってはならない。高校生の本分は勉強である。定期考査の場合はテスト日程が発表されてからのサポートになるが、検定試験の場合は1か月ぐらい前から、検定試験のための勉強の時間を「野球部の活動」の中で取るようにしている。

松山商は商業高校なので、大事な検定試験がある。検定試験にどれだけチャレンジするかは、商業高校を選択した生徒にとっては非常に大きな意義があるのだ。野球部員の約1／3は、卒業後に就職して社会に出ていく。つまり、学校で勉強をするのは高校が最後という者もいるのだ。高校の間に勉強に向き合わせてあげないと、その後の人生で勉強する機会がない者だっているかもしれない。小学校、中学校、高校と学校で勉強をしてきた集大成として、松山商ではなんとしてでも検定試験合格という結果を勝ち獲らせてあげたい。

検定試験に合格すれば、履歴書に記載できる資格が一生付いてくる。したがって、そこに対する支援は、いっさい手を抜かないように心掛けている。「検定試験のために追加補習を受けるので、放課後の練習は遅れます」ということについては、こちらの方からもそういう時間が取れるように積極的に支援している。

野球部独自の補習を学校内で行う場合は、商業科の教員でもある部長と副部長が付き添って指導してくれるし「自分は家に帰った方が集中してやれます」という選手には、無理に拘束せず自宅での自習も認めている。また、寮でそういう学習の時間を設けることも少なくない。

上下関係と新入生への「適応指導」

部内の上下関係については、私の方から何かの取り決めを作ることはせず、自然のなりゆきに任せている部分も多い。ただ、上級生が下級生に何かを強要するようなことは人として問題外だと思うので「何事も上級生が率先して負担しなさい」という指導は徹底している。

一方、入ってきたばかりの1年生には、学校生活への適応を優先させる。まずは「適応指導」として、野球部部長が10回分ほどの講義をなるべく早い時期に行うようにしている。学校生活の面では「単位制とはどういうものか」、「学習評価はどのように行なわれているのか」、「進路選択はどのように行なうのか」といったことを話し、野球の面では「日本学生野球憲章」の内容を説明し「連帯責任とは何か」を講義していく。1年生の練習への本格参加は、それらの講義をすべて終えてからだ。

先日も、甲子園塾に講師として行かせてもらった時に、この適応指導の話をさせていただいた。その後「そういうことは初めて聞きました」という声がたくさん上がっていたので、実際に新入生への講義を行っているチームはあまりないのだろう。

これは、今治西時代の途中から行っていた。正直に言えば、高校に入ってくるまでの学校や家庭での指導が、不充分なのではないかと思って始めた取り組みである。いきなり高校野球の世界に入れても、考え方が付いていけないだろうと感じる部分が多かったからだ。このままではまわりに迷惑を掛けそうだということよりも、それまでとはまったく違う野球の世界にあまりにも無知の状態で入っていくこと自体、無理があるのではないか。そんな思いから始めたのが、この「適応指導」なのだ。

「安心、安全、健康」を保証する

指導者をしている中で私が一番つらいと感じるのは、ケガ人を出してしまった時だ。野球がやりたくて、野球をしに来ているのに、ケガや故障で野球ができない。そんな最悪な事態は、絶対に防いであげなければならない。

野球は、高校生だけでは防ぎ切れないケガが案外多い。整備が不充分なグラウンドやネットの設置ミスでケガをさせてしまったら、本当に「申し訳ない」のひと言では片付けられない。
ケガに対する一番の防止策が、グラウンド整備である。私は毎日、練習前に必ず30分以上をかけてグラウンド整備を行っている。私自身が車のハンドルを握り、イレギュラーがないように祈りながらグラウンド内を整えるのだ。

私の中には「少しでも早く練習を始めて、少しでもメニュー間のインターバルを短くしよう」という思いや、長い練習時間を確保したいという考えがないわけではないが、選手の安全や健康に勝るものはない。練習のメニュー間も、再度きちんとグラウンドを作り直して次の練習へと移る。

このように、私たちが最優先すべきは効率ではない。ケガなく思い切り野球ができる場を提供すること。つまり「安心、安全、健康」を保証することなのだ。

イレギュラーによってボールが顔面を直撃し、歯が折れたり、頬骨を骨折したり、最悪の場合は失明したりといった事態を招くようなことは、絶対にあってはならない。万が一私の打ったノックの打球が跳ねて選手の顔に当たったら、練習を別の指導者に任せて私自らが病院に連れて行くし、親への連絡も部長やコーチに委ねることなく、私が直接電話をかけて状況を説明する。もちろんレギュラーだとか、控え選手だとかはいっさい関係ない。それが、選手を預かる現場監督としての責任というものだ。

防球用ネットが破れていないかも定期的に点検しているし、打撃練習中はケージ裏にラインを引いて、バットを振っても構わないスペースと移動するためのスペースを区切るなど、安全に対する備えは徹底してやっているつもりだ。

野球に期待して入ってきてくれたのに、野球をできなくさせてはいけない。選手が野球で「不必要な我慢」を強いられるような状況は、何がなんでも作ってはいけない。常に「安心、安全、健康」が保証された環境の中で、選手たちが思い切ってプレーできるように、これからも万全を期したいと思っている。

平手打ちが招いた大パニック

若い頃の私は、指導において自分の感情が勝ってしまうところがあった。今治西での前半までは、そういう部分が強かったかもしれない。

私の指導者人生の中で、生涯忘れてはならないと肝に命じている出来事がある。それは、2014年秋の四国大会準決勝だ。相手は明徳義塾。4－4で迎えた8回、打席にはチームの4番打者が入った。

試合前日のことである。その打者は「明日、自分がダメだったら大事な場面で気合いを入れてください」と私に訴えてきた。そして、勝てばほぼ甲子園が決まる翌日の試合の8回に〝大事な場面〟が訪れたのである。打席に向かう前に、私とその打者は目を合わせた。そこで「よし、来い！」と言ってベンチ裏に連れて行き「パンパン、パーン」と平手打ちで気合いを注入したのだ。ところが、その様子がテレビ中継の画面にしっかり映り込んでしまっていた。これで私は3か月の謹慎処分を受けることになり、翌春のセンバツではベンチ入りすることができなくなってしまったのだ。

しかし、当初は私の心のどこかに〝チームのためには必要だったんだ〟という気持ちがあった。勝負を決める大事な場面で、打線の中心である4番打者に気合いを入れて送り出したら、期待通りに決勝打を放ってくれた。明徳義塾にも勝利し、甲子園出場も手中に収めた。選手や保護者、まわりの人たちが表立って私のことを批判していなかったこともあり、わずかでも自分の行為を正当化しようとしていたのは確かだ。

ただ、私が謹慎を受けて甲子園のベンチを外れたことが、とんでもない事態を招いてしまった。当時のエースだった杉内洸貴はもともと内野手だったが、中学時代に軟式野球の日本代表でプレーしたほどの野球センスの持ち主で、投手としても非常に優れた制球力を活かして、チームの大黒柱に成長してくれていた。ところが、甲子園では別人のように制球が乱れた。杉内は桐蔭（和歌山）との初戦で、最大4点をリードする優位な状況から突然ストライクが入らなくなり、四球連発どころか一球もストライクゾーンに行かなくなってしまった。いわゆるイップスを、試合中に発症してしまったのだ。

その試合にはなんとか勝ったが、いったんパニックに陥った杉内が本来の制球力を取り戻すことはなかった。2回戦の常総学院戦でも先発したが、やはりストライクが取れずに3回2／3で7四死球、7失点で降板。私はその姿をホテルの部屋で見ていた。とにかくずっと見てきていた投手だったので、投げ方の異変にはすぐに気づき〝これは大変なことになった〟と思った。あの時は若いコーチが監督代行で頑張ってくれたが、やはり監督である私がベンチにいなかったことが影響していたのは間違いない。私の軽率な行動が招いた最悪の事態である。

杉内は、私が不在のベンチで不安だったと思う。リードをしている状況で〝これは勝てる〟と思ったところから、突然のイップス発症でどうすることもできなかっただろう。あの時、私は〝本当にとんでもないことをしてしまった〟と、責任の重大さを噛みしめた。

寄り添いの心と本気の声掛け

その甲子園が終わると、私はすぐに監督に復帰した。ただ、あのあたりから、ずいぶん私自身が変わっていったと自覚している。私が謹慎処分を受けてしまったがために、選手と同じ戦いの場にいてあげられなかったのだ。それが、どれだけ選手を不安にさせてしまったのか。そして、どれだけ申し訳ないことだったのか。ホテルの部屋でテレビを見ながら、私はそのことに気づかされた。

選手と一緒の場所にいてあげるだけでいい。それが監督の仕事なのだ。だから「現場を離れることになるような監督は、監督ではない」という気持ちが、私の中でどんどん大きくなっていった。

野球の指導にも多少の変化はあったと思うが、一番の変化は選手に対する向き合い方だ。甲子園のマウンドで、ストライクが入らず苦しんでいる杉内を助けてあげられなかったことが、私の中でスタイルを変えるきっかけになったのは間違いない。それ以前も、選手には一日一回は声掛けをしていたが、なんとなくそれが自分の中の義務感でこなしていた部分もあった。しかし、あの一件以降は本気で〝関わってあげたい〟という気持ちから、声掛けをするようになったと思う。

声掛けも〝あ、監督はそんなところまで見てくれているんだ！〟と思ってくれるようなことを言ってあげたい。そのために、普段から選手の様子を観察しているつもりだが、クラス担任や教科指導の先生からもたくさん情報をもらっている。ひとりひとりをより入念に見て、聞いて、知って、気の利いたひと言で〝お前のことはいつも見ているよ〟と伝えてあげたいと私は思っている。

しかし、真っ先に気がつかないといけないのは体の変化だ。わずかな変化も見落とさず「お前、ちょっと足を痛めていないか？」、「投げ方がおかしくなっているぞ」と声を掛けてあげることが重要だ。

高校生にもなれば、試合に出られるとか出られないとか、監督が決める以前にある程度は選手も自らの実力を分かっているものだ。そういう部分で我慢をしてもらう必要はあっても〝自分を見てくれていない〟という我慢をさせてはいけない。何度も言っているように、平等・公平に選手と接することで「気の利いたひと言」も見えてくるはずなのだ。

結局、杉内はサイドスローに転向し、夏も背番号1を付けて甲子園に行った。当時、センバツ大会の四国地区選考委員長をされていた星稜の山下智茂名誉監督が「杉内をもう一度甲子園で投げさせてくれてありがとう」と言ってくださった時は、本当に嬉しかった。

高校を卒業した杉内は同志社大に進み、もともと本職だった内野手に戻って主将も務めた。そして、現在も社会人野球の大阪ガスで現役を続けている。

第五章

愛媛県をリードする野球のカタチ

自分の力を出す、
相手が嫌がることをやる、意表を突く

言いすぎは「試しの場」を奪う

2012年に高校日本代表のコーチを経験させていただいた。あの時は投手担当が当時は長崎・清峰の吉田洸二監督（現・山梨学院監督）で、私は主に野手を担当。攻撃の間はサードコーチャーズボックスに立った。とにかくすべてが新鮮で、多くのことを学んだ日々だった。

レベルの高い選手がいるとかいないとかいうことではなく、監督ではない立場でチームに携わるということがすごく新鮮でもあった。指揮を執る小倉全由監督（当時・日大三監督）を見ながら〝監督とはまわりからこういうふうに見えているのか〟と感じたことをよく覚えている。

前年夏に甲子園を制している小倉監督からは本当に多くを学び、様々なことを感じ取ることができた。一番は小倉監督の選手に語りかける「言葉の力」である。言葉のベースにあるのは第一に人間性で、そこに毎日積み上げてきたものへの自信も加わり、言葉のひとつひとつがとても大きな力を帯びてくる。私はそこで〝そうか。監督の言葉とは、こんなにも強いものなのか〟と思い知らされた。

そして、私は〝選手にいろいろと言いすぎていたな〟と反省した。あれにもこれにも口を突っ込み、いろんなことへの念押しをしすぎていたのだ。選手たちは私が言ったことに一生懸命取り組んでくれるのだが、彼らが失敗する前に私の方からつい口を挟んでしまっていた。つまり、私の口数が多すぎることで、選手にとっての「試しの場」を作ってあげられていなかった。〝選手に失敗してもらいたくない。成功体験だけを積ませてあげたい〟という気持ちが強すぎたのだ。

あの頃の私は、夏になかなか勝ち切れない状態にあった。２０１０年が愛媛大会で初戦敗退。２０１１、12年は甲子園に行ったものの、やはり初戦敗退であった。そういう苦い経験がベースにあったため、つい口やかましくなっていたのかもしれない。しかし、私が物を言いすぎることで、選手の中には何も残らないのではないかと思い始めた。

当時は花巻東の大谷選手、大阪桐蔭の藤浪投手らを筆頭に、初めて本格的に編成された日本代表だったこともあり、マスコミも高校野球ファンの方も大変な騒ぎで、私たちはものすごい数の人々に見送られながら韓国へと旅立っていった。しかし、最後は大谷投手が投げて韓国に敗れ、6位という結果に終わってしまった。帰国時の関西空港には出迎えの保護者がパラパラいる程度で、出発の時とは〝雲泥の差〟だった。

小倉監督は最後にみんなを集めて、こういう話をした。

「俺はもう『今回は良い経験だった』なんて言える年齢じゃない。お前たちのことを勝たせなければいけなかった。そのために俺は行ったんだから。今回は6位という結果に終わったけど、お前ら自身は本当に良い経験をしたんだから、この先の野球人生でもう一度ジャパンのユニフォームを着て、その時は今回の経験を活かして必ず世界一になってくれ」

あれから10年。大谷選手が2023年のWBCでその約束を果たし、藤浪投手もメジャーリーガーとなって世界を相手に頑張っている。彼らがあの時の小倉監督の言葉を覚えているかどうかは別にして、結果的にこういう巡り合わせとなった。そういう部分にも、小倉監督の「言葉の力」は生きているのだと思う。

時間をかけて何かを変える

小倉監督は自らが指示したことに対して動いてくれる選手を、しっかり待ってあげるし、見てあげようとする。日本代表でそんな姿を目の当たりにしたことで、それ以降の私は意識して「待つ時間」を作るようになった。

とくに、松山商に移ってからは「待つ」ことができていると思う。今治西の時代は、自分では分かっていながらなかなか変えることができなかった。やはり、勝っている間に何かを大きく変えるということは、なかなか勇気がいるものだ。しかし、学校が変わるという大きな転機においてはそれも可能である。しかも、転勤当初はコロナ禍のいろんな制約があり、指導にも今までのようには時間をかけられない。だから、私にとっては新しいことに取り組む絶好のチャンスだったのだ。

今治西と松山商では、同じ伝統校とはいえ野球部を取り巻く環境や選手の意識も大きく違った。その違いを認めつつ、これからを見据えてしっかりとした見通しを持ち、チーム作りをしていこうと考えた時に、私は〝急がずじっくり時間をかけながら選手を変えていきたい〟と思うようになった。

寮のこともそうだ。レギュラー選手がひとりしかいない状況を、一度にすべてを変えようとすることは無理だと思えた。そこで「寮を活用したチーム作り」の目的を選手に言い続けた結果、ひとり、またひとりと将来の主力選手たちが入ってくれるようになった。

このように、急いで何かを変えようとするのではなく、時間をかけながら選手の気持ちを動かしてあげることも大切なのだ。私にそのことを教えてくれたのが小倉監督だった。松山商に来てからの3年間は、それがチーム作りの基本となった。小倉監督は2023年に日大三の監督を退任されたが、その直前に松山商は日大三を招待し、ここ松山で練習試合をさせていただいた。転勤からじっくり時間をかけて作ってきたチームで、最後の最後に一緒に試合をやらせていただいたことは、このうえない幸せであり、小倉監督には大変感謝をしている。

また、日本代表でともにコーチをさせていただいた吉田監督は、私とはまったく違う視点を持った方だった。遠征中、チームを率いる小倉監督以上に、同じコーチという立場にあった吉田監督とは一緒に過ごす時間が多く、いろんな会話をさせていただいた。その時に自分のチームの打順の組み方や、投手起用について意見を交わすことも多く、そのたびに私にはない吉田監督の独特な野球観に触れることができた。そして〝この人は見ているところがまったく違うんだな〟と感じたものだ。いろいろ経験を重ねてきたつもりでいた私も〝まだまだ自分には見えていない視点がたくさんあるな〟と思い知らされた。

かつては私と同じ公立校の監督として、２００９年春に清峰を優勝へと導き、長崎県に初めての甲子園優勝旗をもたらしたのが吉田監督だった。そして、２０２３年春には山梨学院でセンバツを制覇。これも、山梨県勢として初の甲子園優勝だった。また、２校での甲子園優勝を達成した監督は、吉田監督で史上４人目なのだそうだ。

全国制覇を知る男たちの「心のスタミナ」

幸いなことに、私は日本代表で寝食を共にした小倉監督や吉田監督だけでなく、明徳義塾の馬淵監督や亡くなられた済美の上甲監督、智辯和歌山の髙嶋仁名誉監督、大垣日大の阪口慶三前監督といった、甲子園での優勝を成し遂げられた名だたる方々を間近に感じながら指導者人生を歩んできた。

やはり、甲子園で優勝したり結果を残したりしている監督さんは、みなさんが「積み重ねていく力」を持っている。そして、長年にわたって同じチームを指導している。私も今治西で15年間監督をやらせてもらったが、同じチームで長くやるのは本当に大変だということが身に染みて分かっている。だから、帝京（東東京）の前田三夫名誉監督にしても横浜（神奈川）の渡辺元智元監督にしてもそうだし、明徳義塾の馬淵監督にしても、ひとつの学校で長期政権を築いてきた方は本当にタフだなと思う。

智辯学園（奈良）で指導者人生をスタートした髙嶋監督にしても、和歌山で長期にわたって監督を務めてこられたし、小倉監督も関東一（東東京）の時代を経て、日大三で長期間指揮を執ってこられた。このように、トップに立つ監督は同じ学校で何年も続けてこられた方がほとんどだ。私からすれば、気の遠くなるような野球人生を送られていると言わざるを得ない。そこが何よりすごいなと思う。

また、転勤のない私学だから長くやれるというわけでもないだろう。同じ環境で長く監督をやっていれば、マンネリ化やスランプ、不祥事など多くのことを乗り越えてこられたはずだ。その中で結果を残しつつ、長年にわたって甲子園に出続けながら、勝利と敗北を繰り返し、優勝も成し遂げられていること自体、信じられない「心のスタミナ」の持ち主なのだ。

むしろ、ある一定期間が過ぎれば転勤もある私たちのような公立高校の監督の方が、フレッシュなモチベーションを保ちやすいのかもしれない。チームが変われば、地域も環境も預かる選手も変わる。そして、人間関係も変わってくることから、モチベーションがどんどん新しいものに更新されていきやすい。

しかし、ずっと同じ場所にいると、自ら変化を起こすことは容易ではない。意図して何かを変えようと思っても、きっかけを摑むことが非常に難しいのだ。私は今治西時代に日本代表でコーチをさせていただいたが、その後は先述したように「待つ」というスタイルに変えようと思ってもなかなか変えられなかった。とくに甲子園に行き続けている間は、何かを変えて上手くいかなくなるのが怖いので、なかなか踏ん切りがつかない。

その点、私には松山商への転勤というきっかけがあったので、長年考え続けていた新たなことに踏み出せる状況が生まれたが、同じところで何十年もやり続けている人たちは、よほどのことがないかぎり、そうしたチャンスも訪れないはずだ。そういう意味でも、長年にわたって高校野球の世界を引っ張ってこられた名将と呼ばれる方々の心のスタミナは、本当に無尽蔵だと思う。

「練習は試合のように。試合は練習のように」

「野球ほど不安定なスポーツはない」と私は思っている。

苦労してようやくひとつの技術を習得したとする。しかし、それを試合の中で安定して発揮できるようになるまでには、その技術を習得するために費やしたのと同じぐらいの時間がかかる、というのが私の持論である。どのスポーツも同じではあるが、試合でのストレスやプレッシャーは相当なものだ。しかも、野球の試合では想定外の出来事が次々と起き、プレーヤーには変化に対応したプレーの選択が求められる。

そのため、普段の練習の中で繰り返し選手に言い聞かせていることは「練習は試合のように。試合は練習のように。試合に繋がる一球にする」ということだ。チームではそれなりの力量を備えたレギュラー選手を起用するとはいえ、練習試合ができるのは学校が休みの日にかぎられるため、どうしても高校生は実戦経験が不足してしまう。だから指導者は、日頃の練習の中でそれを補えるよう工夫すべきである。

私は練習前のミーティングでその日の練習メニューを伝えるが、練習を進めながら内容を変更していくことは厭わない。選手の動きやプレーの精度を自分の目で確認しながら「目的に適った練習になっているか」、「どの程度まで達成できているか」を優先させていくのだ。現在の松山商のように、まだまだ未熟な選手が多いチームだと「今日の練習の目的を本当に理解できているのか」という視点で、ウォーミングアップから目を光らせなければならないだろう。

たとえば、ある日の練習で試合の一場面を想定したケースノックを行うとしよう。選手にはその練習の準備として、ノック前のキャッチボールでも試合同様の緊張感ある取り組みを求め、物足りないと判断すれば遠慮なく最初からやり直してもらう。「準備があるところに成功がある」のは試合も練習も一緒なのだ。

ケースノックも、最初は走者を付けずに頭の中で走者を想定し、目に見えない走者を追いかけながらプレーを組み立てていく。シートノックとは違い、グラウンドの中で動くボールは一球だけなので、ノックを受けない選手も含めて全員がその一球に集中できることもこの練習の良さである。プレー前、プレー後の大勢での声掛けが試合の雰囲気を作っていく。そして、プレーの精度が上がってきた頃合いを見て、控え選手が走者役でベースに入るのだ。

当然ではあるが、走者役の控え選手にとっても、試合に出るチャンスを摑むための貴重なアピールの場になる。走者を付けると「慌て」や「勝手な思い込み」などが原因のミスが出始めることが多い。ひとつのミスが出ると、焦りからミスの連鎖反応を起こすこともあるが、そうなればしめたものである。全員を集めて「ミスの原因は何だったのか」、「ミスの連鎖を断ち切るためにどうすれば良いのか」、「まわりの選手にできることはなかったのか」など、意見やアドバイスを共有してからまた練習を再開するのだ。時にはもう一度、走者を付けていない段階に戻ってやり直すことが必要な場合もあるだろう。

予定していた時間を大幅にオーバーし、その後の練習をカットしてしまうこともあるが、野球という不安定なスポーツにおいては、目の前のことに対応していくことが重要なのだ。そういった意味では、指導者にとっても課題の見過ごしによる「予定通り」は、一番の手抜きであると思っている。

練習では試合を想定し、試合では練習中の反省点やアドバイスを活かしながら、ミスやミスの連鎖を防ぐ。

そこが、私の一番にこだわっている部分である。

年代に合った主将選び

主将の任命は、新チームになって〝さぁ誰にしようか〟では上手くいかない。事前に〝あの選手か、この選手だ〟と決めて準備しておくことが大事だ。本人の準備もあるし、まわりがある程度「次のリーダーはこいつだ」と認めていくための事前段階も必要だ。だから突然、突拍子もない指名をすることはまずない。

事前に選手には「主将は誰がいいか」という相談はする。当然、私と選手との意見が違うこともあるが、極端に違っているということはない。その場合は「ふたり主将制」にして、どちらがいいのかを、しばらくはみんなで見て判断していく。日替わりではなく、あくまでも同時にやらせるのだ。

そのうち、こちらからあえて指示はしなくても、自然の流れでどちらかが練習中の集合や号令を掛けるようになる。こうして、自ずと主将は決まっていくものである。

この「ふたり主将制」を松山商で採用したことはないが、必要があればすぐにでもやれる準備はできている。主将もひとりのプレーヤーとして伸びていかないといけない中で、松山商のように部員が多いチームでは、ひとりに負担が集中するのはなるべく避けてあげるべきだ。

私が好きな主将は、やはり「俺に付いてこい！」と、しっかり引っ張ってくれるタイプだ。ただ、2023年度の主将に選んだ楠岡晴陽は、まわりのことによく気を配ってくれる性格ではあったが、自分からガンガン行くタイプではなかった。しかし、私は彼が試合に出る選手の中では重要なキーマンになると思っていた。楠岡が試合の中でどれだけ力を発揮できるかが、チームに大きな影響を与えると思っていたし、彼の成功に比例してチームは上手く回るだろうとの期待感からの指名だった。

主将は試合に出ている選手にかぎるとは思っていないが、発展途上のチームの中では、やはり試合に出てリーダーシップを発揮してくれることが望ましい。とくに、あたふたしがちな新チームには、そういった空気を締めてくれる主将がベストだろう。また、場合によっては最後の夏までの間に主将を交代させる必要があれば躊躇はしないが、今のところそういうケースはない。

今治西ではメンバー内の主将、メンバー外の主将を設けたこともある。そうやって、その年、その時の学年、チームによって、それぞれに合ったリーダーを選び、そのリーダーの成長をチームの成長に繋げていくというのが私のやり方だ。

ちなみに、私も高校時代は主将を務めたが、あまり良い記憶がない。チームがなかなか勝てない状況で、仲が良かった部員もいたが、野球に対して熱くなり切れていない部員も少なくなかった。そうやって、ひとつにまとめ切れなかったのは、結果が出なかったからでもあるだろうが、やはり私自身の野球への向き合い方も甘かったのだろう。今の選手の方が、よほどしっかりと野球に向き合っていると思う。

「守りのチーム」の中心

私がチームを作っていくうえで、やはり編成の前提となってくるのは「守り」である。

まず、守りの考え方の基本は、完封で勝つことが難しい高校野球では、完璧に封じることよりもピンチをしのぎながら最少失点で抑えていくことだ。点を取られることはやむを得ない。しかし、自分たちから相手に点を与えるようなミスは、なんとしても避けなければならない。

　だが、２０２４年春からバットが低反発の新基準に変わったことで、高校野球は大きな変化の時を迎えることになると思う。

　これからの野球は、今まで以上に守りのミスが許されなくなる。だからこそ、とくに送球にはより正確性を求めたい。私は基本的に、送球を浮かせる選手を信用していない。だから「悪送球を投げるぐらいならワンバウンドを投げろ」と言っている。同じミスであっても捕球ミスはワンベース、送球ミスはツーベース進塁になってしまうからだ。よって、たとえ打力に秀でた選手でも、送球に難があればなかなかスタメンでは起用しづらくなってしまう。

　ただ、バットが変わろうがどうなろうが、センターライン重視の考えは変わらない。中でもバッテリーである。私たちのように連打で大量得点が見込みにくいチームが、力のあるチームと試合をする時には、まずは自軍の投手が相手打線をしっかり抑えてくれることが一番の勇気になる。「守りからリズムを作る」ことを目指している以上は、エースと呼ばれる存在には試合の流れを支配できる力が必要だ。

　捕手の第一条件は、投手と良いコミュニケーションが取れること。いつも捕手には「この人に受けてもらったら、調子が悪くてもなんとかなると思ってもらえるようになれ」と言っている。なんといっても、投手に信頼感を持ってもらえる存在であることが一番だ。また、肩が強く俊敏な動きのできる捕手であれば、試合前ノックで相手ベンチにプレッシャーをかけることもできるだろう。

私は、ほかのポジションから捕手にコンバートさせたケースはほぼない。やはり専門性の高いポジションなので、経験者の中から正捕手を作っていくことがほとんどだ。

練習中のブルペンでは「ピッチャーの気持ちになって受けろ」、「投げやすい位置で構えてやれ」、「良い音を出してやれ」、「気の利いた声を掛けろ」ということをいつも捕手には言っている。良い捕手がいれば、投手は試合で思う存分力を発揮できる。つまり、自ずと投手のパフォーマンスもアップするということになるのだ。

投手が上級生で捕手が下級生の場合を除き、基本的には捕手が投手を導いて育てる。同学年なら、どちらかと言えば捕手の方が大人である。普段は投手に気持ち良く投げさせて、ここぞという場面では捕手がリーダーシップを発揮してくれることが理想的だ。

いずれにせよ、バッテリーの呼吸が野手陣のリズムを作り、チームや試合そのものを動かす原動力になる。だからこその「バッテリー」なのだ。

「ここぞ!」の場面で強いのがエース

エースとして背番号1を背負う者には、試合の流れを支配できる力を求めたい。

過去の教え子の中ですぐに思い当たる存在といえば、やはり今治西で2007年夏に甲子園8強入りした時のエース、熊代聖人である。彼は味方が点を取ってくれなくても、点が入るまで辛抱して抑えてくれた。2007年夏の2回戦で、近江(滋賀)を2安打完封。3回戦では、文星芸大付(栃木)に10安打を許しながらも2失点完投。熊代自らも高校通算44号本塁打を放って8強入りに華を添えるなど、大一番での勝負強さが際立っていた。

2024年のエース・林颯太は、カットボールを得意とする右のオーバーハンドで、前チームから主戦級の活躍を見せてくれている。

その林が、2023年秋の愛媛大会で準決勝、翌日の決勝といずれも完投し、28年ぶりの優勝の立役者となった。2日間の連投となったが、少なくとも準決勝の投球内容を見たら、決勝で林以外の選択肢はなかった。

宇和島東との準決勝は、四国大会への出場がかかるプレッシャーの大きな試合で7回コールドの完封。球数も93球と少なく、相手の弱点が分かっていた中でそこにしっかり投げ切る制球力も抜群だった。先制の2点タイムリーを打ったのも林である。まるで、2007年夏の熊代のようだと言えばちょっと大袈裟かもしれないが、これはもう決勝でほかの投手を登板させるのは失礼だと思った。それぐらい渾身の投球を、ここ一番の試合で見せてくれたのだ。

そして翌日、今治西との決勝でも14個の三振を奪い、2失点で9回を投げ切っている。すでに四国大会出場が決まっていたこともあってか、非常に気持ちの乗ったマウンドだった。私は、これなら途中で代える必要はないという判断で完投させた。四国大会を懸けた準決勝、そして県のナンバーワンを決める決勝。そういう大事な試合では、たとえ連戦であってもエースをぶつけたいというのが私の持論である。

とくに私たちのような公立校において、同じ力の投手を複数揃えることはなかなか難しいものがある。そもそも、それだけの投手に入学してもらうこと自体があまりないので、自前で育てていく必要があるのだ。そのうえ、監督自身がバッテリーの強化にかけられる時間にも限界がある。野手の守備練習や、打撃練習も見ていかなければならないからだ。

もちろんそれぞれの成長度合いにもよると思うが、理想はひとりで9回を投げてくれることだ。ひとりの投手が完投してくれれば、ベンチの監督は継投以外のことに集中して考えを巡らせることができる。采配のうえで一番難しいのが継投のタイミングだと考えれば、その難題を取り除いてくれる完投能力の高い投手がひとりでもいたら、監督としては本当に助かるのだ。

4番打者がもたらす相乗効果

4番打者はエースと同じで、チームの柱となるポジションだ。投打の柱がしっかりしていると、チームはどんどん良くなっていく。とくに高校野球においては、4番打者がもたらす安心感が相乗効果を生み、ほかの選手も一緒に伸びていくからだ。4番に一本が出たら、つられるようにほかの選手にもヒットが出る。まさに打線の顔が4番打者なのだ。

当然、相手チームからも球場に来ているお客さんからも、そういった目で見られるのだから、プレッシャーも少なくはないだろう。そういう意味でも、やはり4番打者は打線における最重要ポジションだと言える。

打線を組む時も、4番を軸に組んでいく。2006年には宇高、翌年には熊代がそれぞれ甲子園で4番を打ったように、誰もが〝4番はこいつだ〟と認める存在がいると、本当に心強いしチームも落ち着いてくる。チーム作りの過程では期待を込めて下級生を起用することもあるが、基本的に4番打者は上級生に任せたい。

また、よほどのことがないかぎり、大会中に大きく打順を変えることはない。時間をかけてそれぞれの役割を認識しながら練習に取り組み、多くの試合で確認してきたのだ。私が大切にしている打線全体の繋がりを考えても、試合ごとにスタメンをごっそり入れ替えるような〝マジック〟と言われる打線の組み替えはしないし、したくともできない。公立校のチーム事情ではそれが普通だろう。

甲子園が懸かった試合では、基本的にエース以外の投手を先発させないのも同じ理由からだ。このように、スターティングメンバーの中で、相手の意表を突くような選手起用をしないのが私のやり方である。

一方で、2番打者は臨機応変に起用する。相手投手の右左で使い分け、相手を見ながら手堅くいきたいのか、あるいはより攻めていきたいのかで柔軟に起用していく。決して小技に長けた選手を2番に置きたいとこだわっているわけではなく、時にはパンチ力を備えた2番打者を置くこともある。実際に夏の愛媛大会5試合すべてで2番打者を入れ替え、甲子園まで行った年もあった。

また、2番と同じように7番以降は流動的な起用もある。大会中に調子を上げてきた選手を抜擢することもあるからだ。9番は上位に繋げる大事な打順なので、チームで一番打力の弱い打者は8番に置き、9番にはいろいろな動きに対応できる打者を持ってくるようにしている。つまり、下位打線における2番打者のような役割を求めたいのだ。

打線は、できることなら左右ジグザグに組みたい。たとえば、ポイントゲッターの4番打者が右であれば、前後の打者には左を置きたいと思う。

また、投手も打線に入ってもらわないと困る。投げるだけの投手では、8人攻撃になってしまうし、できることならクリーンアップを打ってほしいぐらいだ。そういう点では、打者としても高校通算44本塁打を放った熊代は理想的なエースだった。

ピンチを大ピンチにしない

継投することがゲームメイクの前提であるならば、点を取られる前に代えてあげるのが理想だ。先手先手で、後手にならない継投が鉄則だと思う。大量失点を喫しては元も子もないが、1点は仕方ない場面もある。それは「ピンチを大ピンチにしない」という考えに基づいたジャッジでもある。

この「ピンチを大ピンチにしない」ためのアドバイス、あるいはそのためのプレーの選択が野球では非常に重要だ。

たとえば、走者一・三塁で伝令を送ったとしよう。そして、その直後に外野フライを打たれて1点を取られてしまったら、まわりで見ている人たちは「せっかく伝令を送ったのに、点を取られてしまったじゃないか」と言うかもしれない。しかし、私が「一塁走者をターゲットにしろ」ということを伝え、相手の攻撃を断ち切るために一塁走者の進塁を防ぎ切れれば、タッチアップで1点を取られてもやむを得ないのだ。

一塁走者を得点圏に進めたり、三塁走者を気にするあまり四球で満塁にしてしまったり、併殺を焦ってミスを犯したりしてピンチを大ピンチに広げることだけは、絶対に避けなければならない。だから、三塁走者の生還による1点だけでしのぎ切れたなら、これはやむを得ない失点と割り切れる。

ようするに、1イニングで複数失点をしないゲームメイク、ビッグイニングを作らせないゲームメイクをしていくのだ。1点ずつなら取られてもいい。しかし、一気に3点も4点も取られてしまうと、それを取り返すだけの打力がない私たちのようなチームは苦しくなる。

だから新チームがスタートした頃は、塁上に複数の走者がいても、無理に併殺を取りにはいかず、ひとつひとつ確実にアウトを取っていくことを優先させる。ビッグプレー（応用）に進む前に、まずは基本を固めようということだ。

ピンチを作るのは仕方がない。やむを得ない点の取られ方もある。しかし、そのピンチがビッグイニングにならないように、大ピンチになる前の段階で危険な芽は摘んでおかなければならない。

だから、試合で大ピンチを未然に防ごうと思えば、その一歩手前で伝令を送るのだ。「どの走者をターゲットにアウトを取るか」をはっきりさせることで、どういうポジショニングを取るべきかを選手たちに周知しながら、1点は覚悟のうえでさらなる失点を許さないための最善策を打っていくのだ。

そのためにも、普段の練習では、ケースノックなどで判断力をしっかりと養っておく必要がある。チーム一丸で終盤の競り合いに持ち込むためにも、日頃の守備練習から入念に、丹念に、ひとつのアウトの意味を確認しておかなければならない。

プレー選択の優先順位

試合の中で一番大事なのは、自分の力を出し切ることだ。しかし、相手がいることなので、必ずしも上手くいくとはかぎらない。では、次にどうするかといえば、相手が嫌がることは何かを考える。したがって、私の試合におけるプレー選択の優先順位は、

①自分の力を出す
②相手が嫌がることをやる
③意表を突く

という並びになる。

たとえば二塁に走者を置いた場面では、打者のタイプやカウントにもよるが、まずはヒットを狙うことから始めたい。ヒッティングで行く以上は、まずはヒット狙い。当然、ファーストストライクは積極的に狙っていくが、分(ぶ)が悪いと感じたらそこで切り替えて、最低でも進塁打を打つ。相手に隙があれば、意表を突いてセイフティバントでもいい。

最初からヒット狙いではなく、右方向を狙って進塁打を打たせるぐらいなら、より確率

が高い送りバントを最初から狙えばいい。送りバントでも、相手のミスを誘える可能性は充分にあるわけだから決して悪い作戦ではないが、ただ走者を進めるだけのバントは相手を楽にさせることにも繋がりかねない。

相手は何を嫌がっているのか。強打なのか。それとも、小技や足を絡めることなのか。確実に走者を進められることなのか。その中で、相手が嫌がる作戦を選択するというのは、私たちのようなチームにとっては絶対に必要なことだと思っている。そういう意味で、守備型チームの私たちからすると、一番守りやすいのは初球からポンポンとフライを打ち上げてくれるチームである。だから、逆に自チームの打者に対しては「低い打球を狙っていけ」という指示になってくるのだ。

そういう前提なので、やはり繋ぐ攻撃を心掛けたい。大きい長打が出ればそれに越したことはないし楽にもなるが、私自身がそういうものを狙った野球をしていない。まずはしっかりとミートをしていく。そして、バントは確実に決めていく。そこに足を使った攻撃も絡めていけるようにと、選手たちには話をしている。

私自身は、リスクの大きなプレーの選択を好まない。監督のスタンドプレーに見えるような作戦や試合運びは、あまりやらない方が良いと思っている。結局、そういう采配は選手にプレッシャーをかけていることが多い。決まればとてつもなく大きいが、決められなければ取り返しのつかない大失敗に繋がるのだ。

とはいえ、やむを得ずリスク承知の作戦を採ることもある。八幡浜に4－2で勝利した2023年春の1回戦、2点を追う7回の攻撃でのことだ。先頭打者が出た後、無死一塁からバスターを決めて一・二塁とし、それを足掛かりに3点を奪って私たちは逆転に成功した。相手が完全に「バントだ」と決めてかかっていることを確信して、かぎりなく成功の確率が高いと判断しての作戦だった。まさに、かつての上甲監督が私に対して採った策と同じである。

このように、不利な状況をひっくり返すために仕掛けたり、膠着した試合を動かすために勝負に出たりすることはあるが、何度も言うように、私がこのような手に打って出ること自体が珍しいことだ。それほど、あの試合の前半戦は松山商にとっては非常に拙い流れだった。

簡単にアウトを渡さない送りバント

攻撃では1点1点の積み重ねを心掛け、相手のミスは決して逃さずしぶとく攻める。じわじわと相手にプレッシャーを与えながら、試合の流れを手繰り寄せていく。自分たちが相手にされて嫌なことを裏返して、自分たちができる作戦を考えると、自ずとそういう戦い方に行き着くのだ。

負ければ終わりのトーナメント大会で優勝を争う高校野球では、無死から出塁した走者を進塁させるために、送りバントの作戦を使うことはセオリーである。

私の指導するチームのように、強打での大量得点が期待できないチームであれば、なおさら打線の繋がりを生むための生命線がバントだとも言えるだろう。2012年夏の愛媛大会準決勝、済美の安樂投手との対戦は、無死一塁から8番打者と9番打者に連続送りバントで二死三塁とし、1番打者の打った内野ゴロがエラーを誘って決勝点を奪い取った。バントを絡めて得点した試合ということでいえば、もっとも印象的な試合のひとつと言っていい。

しかし、2023年の松山商は春、夏、秋と3大会連続で送りバント失敗によりチャンスをつぶして敗退した。中学時代から、ほとんどバントの練習をしたことがないという選手も多いのは事実だが、毎日のバント練習は選手に任せっきりのことが多く「やらせているつもり」になってしまっていた私自身の「慢心」がもたらした敗戦だと言える。

自戒を込めて、送りバントのやり方を整理してみたい。

送りバントの第一の鉄則は「形を作る」ことである。「目付け」と「膝を使った重心移動」を技術習得のポイントとして、バッティングマシンが相手でもいいので毎日行いたい。足の運びはそれぞれのやりやすい方法を選択させているが、相手守備の裏をかくためにバスターへの切り替えができることが絶対条件だ。

ふたつ目は「一球で決める自信を持つ」ことである。常に試合の場面を想定しつつ、打球の強さや方向が自在にコントロールできることが理想だ。松山商では、ファウルラインの50㎝内側にコーンを置いて狙わせている。レギュラー選手であれば、試合期の練習では一球ごとに打席を交代しながら、試合に繋がる練習にしてほしい。

3つ目は「自分を犠牲にして、仲間をひとつ先の塁に進める」という、チームワークの精神を体現できる選手になることだろう。少なくとも私のチームでは、日頃から自分本位な言動が目に付く選手は送りバントの成功率が低く、他人が嫌がりそうなことでも率先して引き受けてくれる選手ほど大事な場面で成功してくれている。

この3つの鉄則を共有したうえで、アウトひとつを簡単には与えず、相手を消耗させるような打席作りの工夫も必要だ。一塁までの全力疾走、構えを遅らせてのバントヒット狙い、バスターの構えでの揺さぶり、ファーストストライクは敢えて見送って焦らすといったアクションがそれに相当する。

いずれにしても、ＷＢＣの準決勝メキシコ戦、最終盤で2ストライクから送りバントを成功させた源田壮亮選手（西武）のように、ここぞという場面で送りバントを決めてくれる選手は、采配を振る監督にとってみれば本当に頼りがいのある選手だと言える。

「飛び出しアウト」は試合の流れを一変させる

足を絡めた攻撃、つまり「機動力」を活かした野球は、低反発バットの導入で今まで以上に重要視されることになるだろう。

私の場合は、盗塁については「thisボール」であったり「行けたら行け」であったり、ランエンドヒットであったり、状況によってサインの出し方は様々だ。走者を走らせながらも、直球ならヒッティング。そういうものをいろいろ混ぜながら走らせることが多い。また、次の回の攻撃を、1番や3番から始めたいと考えている時に二死の走者を動かす場合もある。

単独スチールは、よほどの確信がなければ難しい。それに、今はどこのチームも捕手の肩が素晴らしく良いので失敗のリスクも高まっている。したがって、相手投手が直球を投げてきた時は、打者がファウルで逃げるなどして走者を援護しないといけない。ただでさえ相手バッテリーは盗塁を警戒して、直球を中心に投げてくるはずだ。そういう意味でも、スチールは走者の脚力だけではなく、打者の瞬間的な判断力という〝ヘルプ〟も不可欠な、走者と打者との共同作業だと言えよう。

試合の中で、投手のセットポジションの癖を見抜くことは難しい。しかし、左投手の場合には、投手の背中が取れる二塁走者はしっかりタイミングを計る必要がある。相手投手にプレッシャーをかけるためにも、そこは怠るなと言っている。

絶対に避けたいのは、左投手の場合の一塁牽制の飛び出しと、ライナーゲッツーである。「ランナーに出たら飛び出さない」というのは、チームの大きな約束事のひとつだ。走塁のアウト、それも飛び出しによる走塁ミスは、試合の流れを変えてしまうことが多いから最大限に注意したい。

このように、塁上ではケアしなければいけないことが多いので「何がなんでも足を使っていく」という考え方は、基本的には持っていない。ただ、対戦が決まっている相手に明らかな傾向が見て取れれば、試合前にチーム内で共有したうえで試合中に再度確認を行い、データ通りならそこからは積極的に狙っていく。試合の流れを変えてしまうような走者のギャンブルは、絶対に避けるべきだ。

とにかく、走塁の第一は「判断」である。とくに二塁走者の「ワンヒットツーラン」（1本のヒットでふたつ先の塁を奪う走塁）の練習は、タイムの計測と同時に走塁技術のひとつとして走路の確認を重視しているが、そのあたりの話は後の章でさらに詳しく述べたいと思う。

可視化のススメ

対戦相手の映像は必ず見るし、実際に試合を目の前で見られるのであれば、可能なかぎり球場で見るようにしている。それは、甲子園や四国大会であっても一緒だ。愛媛県はバックネット裏からのビデオ撮影が許可されているので、私が行けない場合は誰かしらが行って映像を撮ってきてもらう。

とくに撮影係がいるわけではないが、野球部にはカメラが3台あるので、ベンチアウトの選手2、3人ほどがひとグループとなり、付き添いの教員とともに各球場に足を運んでもらっている。愛媛県は最大で同時4球場開催だが、そこは私を含めてスタッフが5人いる松山商なのですべてをカバーできる。そして、基本的には県内全チームの試合を撮影し、データとしてストックしておく。

対戦相手のデータ取りにかぎったことではなく、普段からよく映像は見ている。時間があれば「生活の中に野球を取り入れていく」という活動の一環として「どうせテレビを見るならナイターや高校野球の試合を見よう」と言って、なるべく野球の映像に触れさせるようにしている。また、2023年のWBCやU‐18世界選手権の決勝が行われた日は「今日は練習を早く終わって、家に帰って野球を見ようか」と言って、チーム全員がテレビ観戦できるように配慮した。よりレベルの高い野球をテレビで見ることは、野球の練習と同じぐらい大事なことだと私は思っている。

一日の練習が終わった時に、新しい何かができるようになっているということが一番の成果だと思うが、必ずしもそうなるわけではない。もし上手くいかなくても〝明日もうちょっとやってみたい〟と思えるように、何かに気がついたとか、分かりかけたという状態で練習を終わらせるのがベストだ。そして、それこそが練習の成果であり、翌日の練習へのモチベーションになると繰り返し言っている。

そのためには、指導者が全選手に目を行き届かせてあげることと併せて、選手が自らのフォームなどを確認できるように、練習中は常に3台のタブレットをグラウンドに置いている。日頃から選手たちが互いに撮影し合い、すぐにチェックできるような環境を作っているのだ。また、動画を確認するためにタブレットを自宅に持ち帰ることも許可している。

そして、すべての練習試合は即日ＤＶＤにダビングをして、希望者は持ち帰ることができる。このようにして「映像を見る」ことは、選手ひとりひとりの成長の手助けになると思って活用しているし、実際に選手たちも気に入ってくれているようだ。

とくに今の子供たちは、動画を見ながら育ってきた世代である。ましてや、タブレットも見事に使いこなしてしまうのだから、口で説明するよりもより効果的だと言えるかもしれない。この取り組みは松山商に来て始めたことだ。〝これからの時代は、動画を活用した技術の習得は絶対に効果的だ〟と考えて思い切って予算を組んでみたのだが、これが殊のほか選手の上達に役立っているので、私も驚いているところだ。

高橋

第六章

「守りのチーム」の骨格を作る

「オオノの考え」——基本・守備編

全体練習は守りから

ここからは、私が毎日のグラウンドで、何を目的としてそれぞれの練習に臨み、その結果をどう受け止めているのか、という話をしていきたい。

まずは、簡単に練習の流れを説明しておこう。

松山商では、授業を終えた選手がグラウンドに出てくるのは16時ぐらいだ。そこから約30分間、グラウンド整備を丁寧に行う。その後、部室に戻ってミーティングをして練習が始まる。練習前後のグラウンド整備、清掃活動や片付けなどを除けば、実際に選手が体を動かしている時間は、3時間半から4時間程度といったところだろうか。

練習前のミーティングでは、その日の練習の流れや目的などを確認する。トレーニングを中心とした基礎作りの練習なのか、個人の技術習得を狙いとした基本の反復練習なのか、または、試合の一場面を想定した実戦練習で応用を学ぶのかを周知していく。練習は、時にチームとしての一体感を作り上げることを狙いとして、内容を組み立てることもある。

ミーティングの時間は、だいたい10分ほどだ。このようにして、事前に練習の流れや目的の確認を行うが、練習中にそれらが意識できていないと感じた時には、全員を集めて再度確認をするようにしている。

再びグラウンドに出て、各自が約30分間のウォーミングアップを行った後、やはり20〜30分をかけてキャッチボールを終えると、まずは守備練習へと移る。「走・攻・守や体作り」などに大別できる野球の練習のうち、もっとも大事にしている練習を集中力が持続しやすい練習の前半に持ってくることは、どこのチームも同じだろう。

ただ、松山商は中堅手の後方でソフトボール部が練習し、右翼手の後方では陸上部が練習しているため、ほかの部活動がどのような動きをしているかによって、守備練習の内容は大きく変わってくる。内外野の連携を行うスペースがなければ、投手のフィールディングや牽制・ランダウン練習、2か所に分かれての内野ノックやポジション別のドリル。外野は空いたスペースを活用して、送球練習やマシンを使った後方・前方飛球の練習が可能だ。ただし、大会が近い場合などはほかの部活動と相談してグラウンドを空けてもらい、内外野の連携や走者を付けたケースノックを行うことが増える。

守備練習が終われば、続いて打撃練習に入る。打撃練習開始時には、すでにほかの部活動は練習を終えているため、グラウンドが全面使用できる。打撃練習の内容は時期によって変えているが、冬場はロングティーや連続ティーに全力スイング、シーズン中はハーフバッティングやフリーバッティングを行うことが多い。

冬場は全身を使ってバットを振る力を付けることに主眼を置き、シーズン中は具体的な球種やコースへの対応を目的として行う。また、照明を点けての練習になるため、極端に速い球を打つことや内野守備に就かせて打球を追いかけさせることは、安全面への配慮から行っていない。それらについては、休日の明るい時間帯にみっちり時間をかけてやるようにしている。

打撃練習が終われば基本的には練習をまとめ、グラウンド整備や清掃活動を行い、終わりのミーティングをしてから解散するのが大まかな流れである。終わりのミーティングでは練習中に気になったことと併せて、翌日以降1週間ほどの活動の予定や見通しについて話をすることが多い。

ウォーミングアップはトレーニングを兼ねる

ウォーミングアップは単に体を温めれば良いわけではない。体のコンディションの把握や気持ちを高めていくことと併せて、筋力や柔軟性のトレーニングも入れながら行うよう選手に伝えて取り組ませている。いずれにせよ、汗をしっかりかくほどやれば、ケガや故障のリスクを軽減することができる。

野球の技術を習得するためには、工夫をしたドリルなどの反復練習が有効であるが、それと同じくらい基礎となる体力作りが重要になってくると私は考えている。投球や打撃、ゴロ捕球などのフォームを作る際に、その動きが上手にできない原因は、技術不足だけでなく筋力不足や柔軟性不足にあるというのは珍しいことではない。

ボールを使った練習で多くの成果を得るためにも、ウォーミングアップの中で各自が必要な内容に取り組んでもらいたい。そのため、メニューの内容については各自に選ばせているが、それぞれの選手が「今、自分は何をするべきか」を考える時間にしていくためにも、プランニングを各自に任せることは決してマイナスにはならない。

よって、練習内容の打ち合わせの場であるミーティングは、必ずウォーミングアップの前に行う必要がある。そこで実戦形式の練習に誰が入るのかを伝えたり、ピッチング練習のためにブルペン入りするタイミングを確認したりするなどして、各自が行う練習の流れをはっきりさせているのだ。

時には、ウォーミングアップを見ながら、誰が実戦形式に入るのかを決めることもある。ウォーミングアップで、良い表情や切れのある体の動きをしている選手にチャンスを与えれば、何かのきっかけを摑んでくれることもあるからだ。

紅白戦のような実戦形式の練習は、試合の緊張感を出しながら、気持ちを高めてショートダッシュやベースランニングに取り組む必要があるし、逆に今日はノースローという日は、上半身に強度の高いトレーニングを入れることもある。また、足をアピールしたい選手は内野でスチール練習やベースランニングを積極的に取り入れているし、体が硬い選手は柔軟トレーニングに多くの時間を割くなどしている。

練習前のミーティングで話したことが、ウォーミングアップの内容に反映されているかどうかは注意深く見るようにしている。もし、それができていないと感じたら、一度集合して何が物足りなく映っているのかを指摘してウォーミングアップを再開する。

私の経験から、日頃から負荷の高いトレーニングを積極的に取り入れている選手は、数か月で体がひと回り大きくなり、技術的にもグッと伸びてくることが多い。各自に任せることが多いウォーミングアップが〝充実している〟と感じる時は、チームの成長を肌で感じられる時でもある。

アウトオブシーズンに基礎体力を作る

野球の練習や試合を、長時間ケガなく継続していくために必要な基礎体力は、12月から2月までのアウトオブシーズンの練習（いわゆる冬練）で集中的に鍛え、シーズンが始まれば冬場に蓄えたものをなんとか維持していく、というのが従来の考えだった。だが現在は、シーズン中もウエイトトレーニングを一日ごとに行うことを基本として、時間や場所、練習の流れを見ながら、種目を変更して行うこともある。

まずウエイトトレーニングは、ベンチプレスやデッドリフト、スクワットなどのいたってシンプルな種目を中心に行い、とくに脚・背中・胸の筋肉を大きくしていく。それぞれの種目のＭＡＸ測定を定期的に行うことも、選手のモチベーションを高めるうえでは効果が大きい。

冬練の期間中は、サーキットトレーニングも一日おきに取り組んでいる。全身持久力と筋力を高めるための種目と、体の軸作りを意識した種目をミックスし、約20種目を40分間連続で行う。

2023年の冬には、グラウンドの片隅にウエイトトレーニングの器機が新たに設置されたので、校舎内にあるトレーニング場までの移動の手間が省略できて、より取り組みやすい環境となった。また、グラウンドで練習をしている選手とウエイトトレーニングをしている選手との距離が近くなり、お互いが一体感を感じながら、同時並行で練習できるようになったことも大きなメリットだ。シーズンに入ると、どちらかといえば後回しになってしまっていた体作りを、今後は継続して行っていくことができるかもしれない。新しいトレーニング設備は、そのためのきっかけになってくれると思う。

私が松山商に赴任してくる以前は、専門のトレーナーと契約して指導を受けていたらしいが、保護者の経済的な負担を考えて現在は独学で学んだコーチの坪倉がメニューを組み、自分で見本を見せながら熱心に指導に当たってくれている。

日常のトレーニングメニューというほどでもないが、松山商の練習の中では、スパイクを履いてダッシュを繰り返し走ることが定着している。そうすることで、本番で足、とくにふくらはぎを攣ってしまう選手が出るのを防ぐためだ。以前に比べると大会の日程が緩和されて連戦の可能性は低くなったが、夏の暑さの中で戦い抜くためにも、スパイクで走ることに慣れさせておくことは重要であると私は考えている。

キャッチボール――その1

足を運び、ボールは真っすぐ投げる

守備の基本は、言うまでもなくキャッチボールにある。私は、野球の技能の中でもスローイングをとくに重要視しており、選手には「ボールを投げることに自信がつくと野球がもっと楽しくなるよ」と言って、キャッチボールに前向きに取り組むことを呼びかけている。高校時代に送球に不安を感じていた私自身の体験も踏まえ、細かく丁寧な説明を入れながら、いくつかのドリルに取り組ませているのだ。

私はキャッチボールの際に、次のことに注意して練習をさせている。捕球後、軸足に体重を乗せながら捻りを作る。握り替えを速く、テイクバックは肘で円を描くように行い、軸足の捻りをほどきながら前足を着地して、左右の肩を入れ替える。リリースは指で押さえて、目線に対して真っすぐボールを投げる。投げ終わった後に、軸足が前足を追い越す。という手順である。

松山商のキャッチボールは、塁間1／3の距離で片足立ちでのスナップスローから始める。ポジションに関係なく、スナップスローの基本練習は必ず取り組みたい。徐々に距離を伸ばしていき、それぞれの距離を投げる練習だと考えさせながら、肩ができるまでの捕球、送球も気を抜かずにやらせたい。近い距離で投げるのが苦手な選手は、近い距離で投げるためのコツが分かっていない。だから、距離が変われば肩の角度やステップが変わることを意識して、練習させておく必要があるだろう。

塁間は内野手にとって、試合でもっとも投げる頻度の高い距離だ。内野手はこだわりを持って、この距離は多めの球数をしっかり投げ込みたい。その後、徐々に距離を30、40、50、60mと広げていくが、距離が長くなると力みによってフォームが乱れやすくなる。上半身が力んでしまえば、たとえ腕を強く振ろうとしても送球の強さには繋がりにくく、シュート回転のボールが多くなってコントロールは付きにくくなる。ボールの強さは足の運びによって決まってくることを意識させ、距離が長くなればしっかりと助走を取って下半身の動きで投げる。

また、どの距離ならワンバウンド送球に切り替えるのかを、キャッチボールの中で把握させておきたい。さらに、カットマンとしての動きを想定して投げることや、相手の送球を弾いてしまった後にボールを拾って投げる、といった「実戦を意識したアイデア」を出しながらの練習も必要だ。

キャッチボールの仕上げは「全力投球」と「速投」である。塁間ぐらいの距離で「全力投球」をさせるのだ。しっかり助走を取って目一杯投げることで、自分の全力を上げていく。最初は高めに抜けていく選手がほとんどだが、足の運び方やリリースのタイミングを覚えれば、全力で投げたボールがコントロールできるようになってくる。暴投を嫌がって、力を抜いて投げているうちは肩も強くならない。試合でも、とっさに全力で投げるとミスになりやすいだろう。

最後は、塁間の2／3の距離で「速投」という5本連続のクイックスローを入れる。ボールの握り替えや足の運びを素早く行い、瞬間的なプレーに備えるのだ。ここでは投げる本数を少なくし、全速力で取り組んでほしい。

送球に苦手意識を持っている選手や投球動作の手直しが必要な選手には、対人ではなくストレスの少ないネットへのスローイング練習を奨めている。松山商では「ネットスロー」と呼んでいる守備ドリルのひとつだ。足を運びながら前からトスしてもらったボールを捕球し、10mほどの距離に置いたネットへの送球を繰り返す。高校生には少し単調かもしれないが、私は基本動作を覚えたり確認し直したりするためには、これ以上ない絶好の練習だと思っている。

キャッチボール——その❷

「足で捕る」、「目で捕る」、「グラブで捕る」

キャッチボールの練習では、どちらかというと、投げたボールの良し悪しばかりを見てしまいがちになるが、ボールを捕球しなければ次の送球は発生しないのだということを忘れてはいけない。何よりも「キャッチボール」という名称自体が「捕球」することを意味しているのだ。

捕球の基本は「足で捕る」、「目で捕る」、「グラブで捕る」の順番だと教えている。まずはしっかり足を動かすこと。そこに目が離れず付いていること。その前提があって、3つ目に初めてグラブを使うのである。

まずは「足」を動かすことが重要だ。打球や送球を待っている時に棒立ちになっているのは問題外だが、待つ姿勢については細かく言わない。ただ「ミートポイントの少し手前で動きを入れながら、しっかり見るように」ということだけは伝えている。足先でリズムを取りながら、タイミングを合わせられるようにしておかなければならない。

ここで言う「目」とは、目付けのことである。まずはバットとボールが当たる瞬間をしっかり見ること。そこから飛んでくるボールにどれだけ入っていけるか。多くの選手は打球を上から見ようとする。そうではなく、前から来る打球の下を覗くような目線に姿勢を落とすことが大切だ。そのため、私はなるべくノックを低い打点で打ち、選手の目線が自然と下がっていくように心掛けている。

タッチプレーなどの捕球の際にも、ワンバウンドの送球に食い込まれてしまう選手が多く、ファンブルやタッチが遅れるなどプレーに影響が出ている。姿勢が高く、ボールの高さに目が付いていないことが原因である。

足を動かし、目付けをし、最後にグラブで捕球し、送球に移っていく。送球に移る際に、軸足が動かず体が突っ込んでしまう選手がいるので、送球時にも足を動かすことを求めている。

守備力を高めるのは、やはりキャッチボールであり、ネットスローのようなドリルの反復練習である。とくにネットスローは、単調だが有効な練習だ。受け手の選手は足を動かしながら待ち、下から投げてもらったボールに対して、しっかりと目を付けて入る。両手両足で捕球し、素早く握り替えて送球を行う。正面にトスをするだけの緩いボールなので捕球は容易だが、目的をはっきりさせたうえで、試合に繋がる練習として身につくまで繰り返しやるよう選手には言い続けている。

ネットスローについては、短時間で数多くできることや狭いスペースでも行えるため、松山商の選手も隙間時間や隙間スペースを見つけては積極的に取り組んでくれている。

連続性を意識したボール回し

ボール回しは「プレーの連続性」を意識させるための練習だと思っている。一般的なボール回しは、捕って投げて終わることがほとんどだ。単純に左回り、右回りだけのボール回しであれば、塁間のキャッチボールをマンツーマンで繰り返しやった方が効率は良い。しかし、試合はプレーの連続だ。投げた後に次の送球に備える、第2送球に備えてバックアップに走るなど、実際の試合ではひとつのプレーで終わることはほとんどない。アウトだと思ったプレーがセーフになり、そこから慌てて次のプレーに移ってミスをしてしまう。このようなミスを防ぐために、日頃からプレーの連続性について意識した練習を行っているのだ。

だから、私は「1往復半」のボール回しを行うことが多い。「1往復半」とは、捕手が三塁手に投げて、三塁手が捕手に戻す。そして、捕手がもう一度三塁手に戻す。その三塁手が次に二塁手に投げて……というような流れを繰り返すのだ。それも一球ごとに選手が入れ替わらず、同じ人間で行う。もちろん、常に試合を想定しているためだ。

ただ、新入生が入ってきたら高校の練習に慣れさせるために、全員で声掛けをしながら単調なボール回しをさせることはある。つまり、通常のボール回しはあくまでも〝慣らし〟に過ぎないと考えている。

内野のケースノックでも、ゴロを捕球した三塁手が二塁手に転送し、二塁手が一塁手に投げる。そして一塁手がバックホームし、今度は捕手が再び一塁手や二塁手へ。そうやってプレーの連続性を持たせることで「ワンプレーでは終わらない」、「プレーには続きがあるんだ」という意識を持たせていく。それと同じようなことを、ボール回しの中でも取り入れているのだ。

連続性を意識した守備については、私が大切にしているもののひとつなので、もう少し話を続けていきたい。

〝次〟を予測した守りを植えつけるケースノック

第五章で述べた内容と重複するかもしれないが、試合を想定したケースノックについてあらためて具体的な説明を加えたい。

走者一・二塁想定のケースで6－4－3の併殺を狙うと、たいていの場合、二塁走者が併殺崩れの隙を突き三塁ベースを回って本塁を狙ってくる。ここで一塁に駆け込んだ打者走者がセーフだった場合には、間髪入れず一塁手は本塁に投げるだろう。ただ、ここまでの守り方は当然であり、その先のことまで予測しておいてほしい。仮に本塁がセーフなら、塁上に残っているのは打者走者なので、捕手は一塁もしくは二塁への送球まで想定していなければならない。または、三塁ベースを大きくオーバーランした二塁走者をアウトにするために、一塁手が三塁に転送することもあるだろう。

このように「次に起こりうるプレー」を予測しながらケースノックを行い、次にどこへ投げるかを守っている選手が選択する。そして、送球よりも早くベースカバーやバックアップに動く。チーム全員で一球を追いかけながら〝こういうケースは、こういうプレーもある〟ということを共有し〝次〟を想定しながら対応していくことが重要なのだ。

走者が動いたのを確認してからプレーを始めたり、仲間の指示の声を聞いてから動いたりしているようでは、到底アウトを取るためのプレーにはならない。走者は本来セーフになると思って走っているのだから、それでもアウトが取れたのなら、ただ単に相手走者の判断ミスだと考えるべきだ。

目には見えてない走者の位置や動きを予測し、仲間の指示の声よりもひと足早くプレーに入る。走者の先手を取る守りは、守り勝つ野球を目指す私が一番こだわっている部分だ。はじめから走者を付けてこの練習を行うと、選手は目に見えたものに対して動こうとするので予測を働かそうとしなくなる。だから、走者を付けずに始めることに大きな意味があると私は考えている。

たとえば、一死一・二塁の場面でセカンドゴロが来れば、当然4－6－3の併殺を狙うはずだ。しかし、二塁上でフォースアウトを取った遊撃手が〝一塁が間に合わない！〟と判断し、切り返して三塁ベースを飛び出している三塁走者でアウトを取りにいこうとする。このときの送球が低くなれば、三塁手はタッチプレーよりも、体で止めにいくことを優先しなければならない。なぜなら、その送球に対するバックアップに間に合う選手がいないからだ。

このように、走者だけではなく、常に仲間の動きも頭に置いてプレーを選択していく必要がある。ちなみに、バックアップに入る位置は「走者に次の塁へのスタートを切らせないための位置」とチームで統一している。

まず、練習中からプレーには連続性を持たせる。そして「取れなかったアウトを、プレーを変えて取りにいく」ための第2、第3送球は、日頃の練習の積み重ねによって精度を上げていくしかない。

また、あらかじめ「どの走者をターゲットにして守るのか」を共有しておくことは、連携の取れたポジショニングにも繋がってくるはずだ。

たとえば、一死一・二塁の場面でセンター前にヒットを打たれたとする。それぞれの走者が「ツーラン」を狙ったとして、二塁走者に対するバックホームの送球から、一塁走者に対する三塁送球に切り替えても間に合わないかもしれないが、最初から一塁走者をターゲットに決めておけば、一塁走者の三塁への進塁を未然に防ぐことができるだろう。これはイニングや点差、相手の打力や打順などから分析して走者の先手を取るプレーで、相手の攻撃の流れを断ち切ることもできるはずだ。

守っている方からすれば〝次〟を予測したうえで走者より先に動こうとするのだから、思いのほか高度なプレーだ。しかし、可能だと思っていたはずの進塁を阻止された相手に与えるダメージはきっと大きい。そうやって私は、日頃から「守り勝つ野球」をチームに根づかせているのだ。

ノッカーの技量が守備力を左右する

守備が良いチームに、良いノッカーは付き物だ。指導者は選手の守備を上達させたいのであれば、選手が上達できるような打球を打てるように、ノックの技術を磨くことである。たとえば、守備範囲を広くさせたいのであれば、その選手にとってのギリギリのところに打てるかどうか。そういう腕の見せ所のような打球が打てるようになるためには、指導者も努力を惜しんではいけない。

私がノックを打つ時に実践していることは、次の3つである。

ひとつ目は内野手が捕球する時に、前足の踏み込みができる打球を守備範囲ギリギリに打つことだ。選手がギリギリまで足を運び、最後の一歩でボールに入りながら捕る感覚を身につけさせたいと思いながら、丁寧にノックを打つよう心掛けている。

ノックを打つ際、低い打点でボールの下側を上手に擦ってやると、バウンドごとに打球速度が落ちてくるので、選手は足を使ってボールに入りながら捕球することができる。先述した「足で捕る」、「目で捕る」「グラブで捕る」を習得するためには、球際に打ってその基本の形を動きの中で覚えていくことが必要だ。

ここでの捕球の基本とは、あくまでも両手両足で打球の正面に入り、完全捕球をすることである。ボールの上側を打つと強い打球にはなるが、選手に食い込んでいく打球は足が止まりやすいため、ただ捕れないところに打って選手が飛び込むだけのノックになりがちなので、守備力向上には繋がりにくい。

ふたつ目は、左打ちの私が右手でトスを上げることだ。狙ったところに狙った打球を打つためには、打ちやすい場所にトスを上げる必要があると考えている。私のような右利きであれば、右手で上げたほうが正確にトスを上げやすいという考え方もあるだろう。

だがそれより、前側の手で上げることで、選手はトスを上げる前からミートポイントまでをしっかり見ることができるし、それによってスタートのタイミングが合わせやすくなるため打球にも反応しやすい。このような考えから、私は右手でトスを上げるようにしているのだ。ただし、これについては「後ろの手で上げたほうが良い」と言う人もいる。どちらが正解というものでもないので、あくまでも自分に合った形を見つけるべきだろう。

最後の３つ目は、ノックを通して選手と「会話」をすることだ。やはりノックは昔から言われている通りで、選手とノッカーとの「魂のこもった会話」だと言っていい。生身の人間同士による一対一のコミュニケーションであり、魂と魂のぶつかり合いなのだ。そこは、どれだけ時代が変わっても大切にしていきたい。

そのため、私は速射砲のようなノックは打たない。ひとつひとつのプレーに対して、良くも悪くも声を掛けながら打っているからだ。選手のプレーのひとつひとつを評価することは、指導者が決して手を抜いてはいけないことではないだろうか。

指導者がしっかりと見てくれていることで、選手は次の一球に前向きに取り組んでくれると私は思っている。そういう時間を大切にしたいから、私はノックの一球一球を丁寧に打つ。良いノッカーとは、単に打球を上手にコントロールするだけでなく、選手と「魂のこもった会話」ができる人のことを言うのだろう。私はいつもその点を大切にしているし、今でもそんなノッカーを目指したいと思っている。

今治西時代は、教科指導が優先される学校という事情もあり、野球のできる指導者がなかなか赴任しなかったので、私がノックの大半を打っていた。現在の松山商は部長以外がみんな野球経験者なので、コーチにノックを任せて私は選手の近くで技術指導をするということも行っている。選手と近い距離で行う「会話」も、ノックでの「会話」と同じくらい大切にしていきたい。

「自分に合った指導」を選択する力

コーチ陣にはどんどん選手に声を掛けてほしいと思っているが、選手には「指導者に付きっきりで教えてもらっても、必ず良くなるわけではない」とも話している。大事なことは、いろいろと教わったものの中から、自分に合ったものを選ぶ力があるかどうかだ。その力がなければ良い選手にはなれないし、好不調の波の大きな選手になってしまうだろう。指導者が付きっきりで見てくれているうちは調子も上がっていくが、見てもらえなくなった途端に調子を落としていくような選手では話にならない。

つまり、自分なりの理論をしっかり持っているかどうかが大切なのだ。高校生の調子は、せいぜい持って10日間くらいだと私は思っている。しかし、10日間だとひと大会をカバーできない。大会が終わる前にバイオリズムは不調期に入っていくし、まるまる好調のままひと大会を乗り切ることなど至難の業となってくる。だから、指導者からある程度のことを任される選手であれば、どうやってコンディションを上げていくのか、どれだけ落とさないでキープできるのかを自分で管理して、コントロールできなければいけない。

逆に考えれば、高校野球は負けたら終わりのトーナメントだけに、指導者の手にかかるような選手では不充分だ。最終的には自分でコンディションを整えることができて、上げ方を知っている。一方で、落ち幅をどれだけ抑えられるか。キープできるか。そこは選手が自立していなければ、到底実現できないだろう。

だから、最終的に自分に合った理論をしっかり持っているなら、誰に何を教わっても構わない。そして、指導されたことに対して自分のチェックポイントとしっかり擦り合わせて、取捨選択ができるかどうか。調子が落ちた時に〝こういう部分ができていないから、ここをもう一度確認しておこう〟と、その克服法を分かっている選手を作っておかなければ、なかなか甲子園に行くようなチームはできないと思う。

ただし、大会の前に監督が「ちょっとお前、これをやってもらわないと困るから、こういうふうに直しておけ」と言って手直しをする時には、選手は必ず従わなければならない。たとえば、左投手との対戦が想定されているとしたら「左打者は全員セイフティバントの練習を必ずやって、試合で使えるようにしておくこと」と指示を出す。そこは選手起用を考えるうえでも非常に大切なことなので、絶対に監督の指示には従ってもらう。メンバーを組むのは監督なのだ。これについては、選手たちも理解しながら動いてくれているものだと確信している。

18
弦大

第七章

「オオノの考え」――投球・打撃・走塁編

自己を確立して投げ、意図を持って打つ

投球フォームの5大チェックポイント

続いて投手・打撃・走塁における、私なりの考えをまとめてみたい。
まずは、投手について。投手には「自分が投げたボールではなく、フォームの良し悪しで判断しろ」と日頃から口うるさく言っている。チームのエースと呼ばれる立場の投手であっても、まだまだ高校生なので見た目のスピードボールに気を取られ、知らないうちにフォームを崩したり、調子を落としたりするのはよくあることだ。

ブルペンに入って本格的な投球練習を行うとその傾向は強くなるので、フォーム作りの段階では投手同士でのキャッチボールを繰り返すことが多い。投本間の18・44mの距離で、多い時には1時間くらい続けることもある。投手同士のキャッチボールであれば、変化球の習得段階でも遊び感覚で試しやすいと思っているからだ。

私が投手のフォームチェックをするうえで、気をつけていることが5つある。それは、足を上げた時の立ち姿勢。並進移動。トップの位置。肩の入れ替え。投げ終わった後の姿勢である。

各投手には「この5つのポイントの中から、3つをとくに意識し、試合の中で上手くいかない時は、それらの修正を試みなさい」と伝えている。

立ち姿勢ならモーションに入って踏み込み足を上げた時に、真っすぐ綺麗に立てているかを見る。できるだけ高い位置まで足を上げられていれば言うことはないが、この時に体が反っていないか、猫背になっていないかもチェックする。

次の並進移動は、足を上げて作った力を、投球方向に真っすぐ移動できているかを見る。

トップの位置は、利き手の肘が肩のラインと同じ高さ、もしくはやや下がっている方が良いと思っている。肘が高すぎてしまうと、腕が上からしっかり振り切れなくなってしまうからだ。踏み込んだ足が着地した時に、胸のマークが捕手側から見えていないかどうかも確認しておきたい。

次に肩の入れ替え。上手な入れ替えができないと球離れが早くなるので、前肩の開きを押さえながら、より前でボールをリリースするイメージを持つことが重要だ。

そして、フィニッシュ時はプレートを押した軸足が、踏み込んだ方の足を追い越すことができているか。これらを各投手に確認させながら、フォーム作りを行っている。

たとえば、2024年度のエース・林は並進移動に課題がある。下半身がうまく使えないがために上半身が突っ込み、前肩の開きが早くなる。その結果、良い高さで腕を振ることができず、肩の入れ替えがスムーズにいかない。それらのフォームの課題は、タブレットで撮影しながら修正をしていく。

ちなみに、極端なインステップは、故障や荒れ球の原因となることが多い。矯正することが理想だとは思うが、角度のあるボールを投げられているなど、その投手の特長や個性に繋がっているのであれば、あえて残す場合もある。

また、テイクバックで肘が伸びたいわゆる「アーム」の投手の場合には、クイックモーションの時に腕の振りが追いつかないので、やはり故障の危険性がある。だから、そこは直してあげるべきだと思うが、投手のテイクバックを触ってしまうと、フォームのすべてのバランスが崩れてしまうリスクもあるので最大限の注意を払いたい。

いずれにしても、〝自分がどういう投手になりたいのか〟というビジョンを、本人がしっかり持っていることが大前提になるし、何より本人が納得したうえで練習に取り組むことが一番だと思っている。

投手は自立せよ

松山商では、練習の中で自由に使える時間がもっとも多いのが投手だ。だから、私は「今の自分に必要な練習を考えて取り組むように」と促している。投手はタイプや役割によって必要な練習は変わってくるし、それぞれの調整法も異なるはずだ。私は、そのことを最大限に尊重している。

普段の練習では、ウォーミングアップ・キャッチボール・投球練習がすべて終わったとしても、全体練習終了までにはまだまだ時間がある。私は日頃から「今の自分に必要な練習を自分で考え、組み立てなさい」と言っているので、一見よく練習しているようでも、毎日同じことを繰り返している投手や、自分の得意なことばかりに取り組んでいる投手には物足りなさを感じる。

こういった投手は、自分の課題やチームでの立ち位置、次の大会で与えられそうな役割などが、自分の中で整理できていない場合が多い。はじめのうちはこちらから提案もしていくが、やはり自分自身で練習を組み立てられる投手になってもらいたい。

試合における調整法も重要視する。いわゆるルーティンを確立してほしいのだ。たとえば試合前日、ブルペンに入って確認する者もいれば、キャッチボールのみで終える者がいてもいい。試合に良好なコンディションで臨むための工夫ができていれば、私から言うことはない。上級生になった時に、自分の調整法を理解したうえで大会に臨むようになることができれば理想的だ。

　また、試合で力を発揮するには、フィールディングや牽制、クイックモーションの技術向上にも努めなければならない。左投手であれば、二塁走者を見ながら投球動作に入る練習もやってもらいたい。どれだけ良いボールを投げられたとしても、それらが上手くいかないために試合で崩れてしまう投手を何人も見てきた。そういった話を、投手には事あるごとにしている。

　2024年春の段階で、松山商には9人の投手がいる。しかし、投手が自由に使える時間の中で、全員が同じ練習を行うことはほぼない。ランニングをする者もいれば、ウエイトトレーニングに取り組む者、ネットに向かって牽制練習をする者、映像を見てフォームの確認をする者など様々だ。少しずつではあるが、各自が今の自分に必要なことを取捨選択できつつあるように感じている。

　また、投手陣には「走ることは投手の仕事のひとつだ」と言っているので、多い時には100mインターバルを一日50本ぐらいは走っているはずだ。走ることは苦しい。しかし、それに向き合う投手陣の姿を、野手たちは見ている。「あいつの取り組みに自分も負けていられない」と思い、より練習に打ち込む野手もいるだろう。試合では、マウンドで力投する投手にチームメイトが奮い立ち「絶対に守ってやる」という気持ちが生まれるかもしれない。投手には、そのような取り組みを求めたい。

ここ数年はコロナの影響だと思うのだが、ランメニューなどで強めの負荷をかけると、すぐにシンスプリント（すねの内側を痛める症状）になったり、足の甲を疲労骨折したりする者が目立つ。したがって、本数を徐々に増やしていくとか、連続して同じ動きをやらせないといった工夫も不可欠だろう。

なお、負荷をかけるということで言えば、私が着任する以前に松山商が行っていた冬合宿は、現在は実施していない。私自身も今治西時代に追い込み合宿をしたことはあったが、やりすぎが祟って失敗したため1年で取りやめている。ようするに、私の気持ちが昂りすぎてしまったのだ。たしかに根性はついたが、野球は上手くならなかった。今となっては、酒の場の笑い話と化してしまっているが、あの時は完全に指導者の自己満足で終わってしまったと大いに反省したものである。

投球過多防止とフォーム改良

投手の投球過多には、とくに気を配っており「肩休みの日」を必ず週に2日は設けるようにしている。週末に練習試合が続くシーズン中は、月曜日をメンテナンスに当てることが多い。

練習前のミーティングでは、投手にブルペンに入るかの意思確認をする。ブルペンに入るか入らないかで、キャッチボールの強度や肩の作り方も選手によって変わってくるからだ。また、ブルペンに入って100球以上を投げる時は、事前に報告することを義務付けている。

ただ、松山商はスタッフの数が充実しているので、投手がブルペンで投げる時は野手の練習をコーチ陣に任せ、私がブルペンに足を運ぶことも多い。試合で投げる投手もそうではない投手もすべて私が見ているので、だいたいの球数は私の方でも把握しているつもりだ。ブルペンでは、どの投手も60球から80球ぐらいを目途に投げている。中には30球程度で終わる投手もいる。私としては、それでも一向に構わない。

気をつけなければならないのは、投手の「ボールを投げる練習」は、何もブルペンでの投球練習だけとはかぎらない、ということだ。室内練習場でネットスローをすることも、フォームチェックのためにタブレットで撮影しながらキャッチボールをすることもある。ノックには捕手も入るので、その間は投手同士で変化球の練習をしたりもしている。それらの練習で投げる球数も踏まえて練習を組み立てていくことが、投球過多や故障の防止には必要だろう。

投手によっては、オーバーハンドからサイドスローに転向させることもある。とくに体の使い方として、腰の回転が絶対的に横向きだと思う投手には、本人の特長を引き出してあげるひとつの方法として、サイドスローへの転向を奨めてみるのもいいだろう。

あるいは、同じタイプの投手がチームに複数いる場合、本人の生きる道を作ってあげるためにも、フォーム転向を提案することもある。自分と同じようなフォームから、より速い球、より鋭い変化球を投げられる投手がほかにいる場合、新しい可能性を持たせるためにフォームを大幅に変えることは、本人にとっても決してマイナスにはならないはずだ。

2023年度のチームには、阿立虎太郎という投手がいた。彼はもともとオーバーハンドの投手だったが、そのうちサイドになり、やがてアンダースローの練習に取り掛かっていった。本人が投手としての生きる道を模索する中で抱いた「上からではなく、角度を変えて投げてみたい」という希望を尊重したのだ。練習を手伝ってくださっている澤田先生も「あいつにサイドをやらせてみたい」と言われるのでお任せしたところ、それが見事にハマった。

そうやって阿立はポジションを自ら切り拓き、夏は背番号11を付けて投手陣の一角としてベンチ入りを果たした。チームは初戦敗退に終わったが、阿立は先発した林の後を受けて2番手で登板。ミスが絡んで2点を勝ち越された直後の苦しい場面から1回2／3を投げ、独特の緩い変化球を交えながら相手のタイミングをずらして追加点を許さなかった。

困った時に試合を落ち着かせてくれる彼のような投手は、私にとってどれだけ心強い存在だったか。阿立のように、フォーム改良に成功した例はいくつもある。

打撃練習は一長一短

打撃に「これだけやっておけばいい」という練習内容はないと思っている。したがって、チーム状況や時期、個人の特徴や課題に応じて内容を選択できることが理想だ。

トーナメントを勝ち抜くためには、短期間で様々なタイプの投手と対戦して、攻略しなければならない。チーム全員で目指す形としては、弱点の少ない打線を作り上げることだ。

そのために、練習では緩急に対応する「タメ」や「レベルスイング」、「インサイドアウトのスイング軌道」や「ミートポイントでの両手の一致」といった基本的な技術の習得に取り組ませる。短めのバットを使用して、それぞれの手の使い方を覚えるドリルも効果的だ。メニューの特徴を理解し、チームや個人に必要な内容を選択するべきだろう。

たとえば、ハーフバッティングでは、様々なボールに対応する「タメ」を作りやすいが、タイミングを遅らせることで、緩い球を打つ練習になってしまうリスクがある。また、マシンを使っての打撃練習はフォーム固めには最適だが、一定のテンポでボールを打つため、タイミングを取る練習にはなりにくい。ロングティーは、体全体を使ってバットを振る習慣が身につきやすく冬場の練習には不可欠だが、後ろの肩が下がりアッパースイング気味になりやすい。ショートティーは片手打ちなどで動き作りには適しているが、斜めから来るボールをドアスイングで打つ癖がつく可能性もある。置きティーでは、インサイドアウトの軌道やポイントの確認がしやすく、悪い癖のつきにくい安心できる練習ではあるが、止まっているボールを打つだけでは物足りないだろう。

このように、それぞれの打撃練習は一長一短である。これらを理解したうえで「今、何をやるべきなのか」を考えなければならない。チーム全体でロングティーをやるが、動き作りを優先しなければいけない選手は置きティーを選択することも必要だ。「ほかの選手と同じメニューをやることで満足してはいけない」と繰り返し選手に言い聞かせているが、打撃練習ではとくに重要になってくる考え方だろう。自分の特徴や課題、打線での役割を考え、適切な練習内容を選択できる選手は、打撃面でも大きく成長していくと感じている。

練習から意図のある打席を作る

フリー打撃の間は、ケージの斜め後方から、フォームやタイミングの取り方、コースへの対応などをチェックしている。私自身、たいていの場合「こうやれば上手くいきやすいだろう」という考えを持っているが、打撃ではすべての選手にそれが当てはまるわけではないので、それぞれのやり方を尊重し、決して強要もしない。

私なりの考えを伝えはするが、それを自分のものにするかどうかは選手自身に委ねている。人から言われてやるよりも、自分から試行錯誤して反復練習を行い、身につけた技術こそが自分なりの「理論」であり、試合でも使える武器になると私は考えているからだ。「苦労して技術を身につける」とは「コツを掴む」ことでもある。たとえば、子供が自転車に乗る練習をしているとする。毎日失敗の連続であるが、ある時、急に上手く乗ることができるようになる。翌日からは毎日乗らなくても、乗り方を忘れてしまうことはないだろう。つまり、その子は何度となく失敗しながらも、自分なりの「コツ」を掴んだのだ。

野球における打撃は、自転車に乗るのとは比較にならないほど、はるかに難しいことではあるが、自分で苦労して身につけたということの価値は同じだ。このように、自分なりのものを作り上げげたことへの自信は、何物にも代えがたいものだと思う。

ただし、大会直前の手直しについては躊躇なく行う。いったん触ってしまうと、大きく崩れてしまう危険性がある投手のフォームとは違い、打者の場合はちょっとした手直しはそこまで気にしなくてもいいだろう。

これら以外で、打撃練習中に私が重視しているのは「打席の作り方」だ。「打席の作り方」とは、その選手が試合で相手投手をどう攻略しようとしているのか、という選手個人で考える作戦のひとつである。

私が全員に共通して求めていることは「ストレートのストライクは見逃さない」、「低めのボール球を振らされない」、「追い込まれたら粘る」ことであるが、それ以外についてはあくまでも個人の特長を活かした打席作りを求めている。

打撃練習で、足の速い選手がポップフライを何度も打っている。長打が売りの選手が当てるだけの打撃を繰り返している。このような選手は自身の打席の作り方を理解していない。打者はどう打つかも大切だが、どうアウトになるかも重要だと私は考えている。相手にプレッシャーを与えないアウトは、試合の流れを向こうに渡してしまうことになるため、できるだけ避けたいところだ。

逆に、足の速い選手が1球目にポップフライを打った次の打席で、バットを短く持って低い打球を打つ。長打が売りの選手が、タイミングをずらされて当てにいった直後に、タメを意識してしっかりと振る。そういったことができていれば、その選手は試合でも良い活躍をしてくれると期待できるものだ。

試合で起こりうる、プレッシャーのかかるアウトの与え方を練習で想定して準備をしていく。そうすれば、自ずと対戦相手の投手を見て、自分はどのカウントからどの球を狙うべきかが見えてくるはずだ。そういった意図が感じられない打撃練習になっている場合は、全体を集めて具体的な例を挙げながら説明し、全員が同じような打席の作り方にならないよう仕向けていく。

なお、フリー打撃のマシンセッティングは、必ず私が行っている。その時の必要に応じて、私自身がコースや球種を設定する。また、マシンを打者の右と左でいちいち動かすわけにはいかないので、打席のラインの引き方を変えたり、ホームベースを横並びに置いたりしてコース設定を行うこともある。

大会前に外のボールを対策している時は、自ずと逆方向の打球が多くなる。このようにして、大会では打席の中で何をしてもらいたいのか、何を意識してほしいのかを示していくという方法を私は取っている。

「ツーラン」の走路と三塁コーチャー

大会前になると、走路の前にネットを置き、打撃練習と並行して走塁練習も行う。また、実戦形式のノック中の走者には、守備練習の相手としてではなく、自身の走塁練習として取り組むことを求めている。

走塁を強化していくうえで、一打でふたつ先の塁を狙う「ワンヒットツーラン」の練習にはとくに力を入れている。この一塁から三塁、二塁から本塁へという「ツーラン」の練習では、私たちもコーチがタイムを計測している。ただ、たしかにタイムという指標は分かりやすいが、タイムの場合は選手のもともとの足の速さによる影響が大きい。

走塁技術の向上という観点から考えると、タイムと同じくらい大事にしたいのは走路の確認である。「ツーラン」の場合、ひとつ目のベースを蹴ってからふたつ目のベースを狙う時に、最短距離で走れているかを見る。走路が膨らみすぎるのは良くない。

「ツーラン」の場合「ゴー・ストップ」の判断をコーチャーに頼ることがあるが、コーチャーが判断の目安とするのは、外野手の捕球時点で走者がどこまで進んでいるかである。

判断は自信と根拠を持って行いたい。仮に、充分に間に合うとコーチャーが判断した場合でも、走者の膨らみすぎによるタイムロスがあってはアウトになってしまう。そのあたりの技術習得や向上のため、松山商では全体での走塁練習だけでなく、ウォーミングアップの中で自らベースランニングに取り組む選手もいるほどだ。

二塁走者のリードの位置は、アウトカウントによって変えている。無死や一死ならバントやスチールなどで三塁を狙うことがあるので、基本的には三塁ベースに最短で到達できるベース間のライン上にリードを取る。二死なら最終の塁間を最短距離で走れるよう、つまり三塁ベース付近で膨らまなくていいように通常よりも後方にリードを取る。それぞれの位置からの走路の確認も怠ってはならない。

ベースはどちらの足で踏んでもいいが「より内回りができるのは右で踏むことだ」と言っているし、それを私が実演して見せることもある。ベースランニングの中での体の倒し方は、基本的には教えていない。そこを言いすぎてしまうと、足を取られる原因になるからだ。

私からの要求レベルは高いので、三塁コーチャーは専門の選手を起用している。私の中では、ひとつのレギュラーポジションとして固定している「最重要ポスト」のひとつだ。だから、その選手はケース設定した打撃練習やノックを行う際には、必ず三塁コーチャーズボックスに入っている。当然、ひとつの大会が終わるまでは、三塁コーチャーを変えることもしない。

また、ベースランニングでは、試合用ヘルメットを着用させている。それも、試合で使用するフェイスガード付きヘルメットだ。普段から使用していないと、実際の試合の時と見え方が変わってきてしまうため、判断の精度に影響する。そうやって、私たちは「練習は試合のように」を徹底的に実践した練習を心掛けているのだ。

隙間時間を活用する

私の高校時代は、練習内容はほぼ固定されていて、全員で行うウォーミングアップを終えると、内野手だった私の練習は、キャッチボール、フリーバッティング、シートノック、仕上げにベースランニングという流れだったと思う。「走・攻・守」すべてがカバーされているように見えるが、私は、自分が苦手としていたスローイングを鍛える練習にもっと時間が欲しい、とよく思っていた。今考えれば、自分から監督に申し出て取り組むべきだったと思うが、当時のグラウンドには、そんなことが言い出せる雰囲気はなかったように記憶している。

今でも、多くのチームがそうなのかもしれない。全員で一律の練習を行うことは「まとまり」や「一体感」を作りやすいだろうし、同じ流れの練習を毎日繰り返すことは「安全面」という点でもひとりひとりが注意を払いやすいとは思う。しかし、それぞれの選手が持つ可能性をできるかぎり引き出してあげることも、私たち指導者の役目であろう。

コロナ禍に松山商へ赴任した私が、一日2時間というかぎられた練習時間の中で、選手に繰り返し呼びかけたのは「隙間時間の活用」だった。制約された時間の中で、全員が同じ練習をすることは難しいという事情もあったが、私が高校時代に言い出せなかった自身の課題への取り組みを、松山商の選手たちに実践させてあげたかったのだ。

一日の練習を振り返って、チームメイトと同じだけの練習をやったことに満足してほしくない。練習の成果として「できるようになった」とか、できるまでにはならなくても「気づいた」とか「分かった」というものを残して終わってほしい。

また、自分がどういう選手になりたいのかが固まっていれば、自ずと重点的に鍛えるべきことも見えてくるはずだ。そうやってそれぞれが目指す姿を明確にするため、直近の冬の練習からは部室に設置しているホワイトボードに、個人目標をワンフレーズで書いてもらうようにしている。

「隙間時間の活用」を呼びかけ続けて4年。フリーバッティングの待機中やブルペンで投球練習を終えた選手たちが、空いた時間や空いたスペースを見つけて自身の課題に取り組んでいる。ともすれば受け身になりがちだった選手たちが、グラウンドのあちらこちらで自ら選んだ練習に意欲的に打ち込んでいるのだ。

そんな姿を見ると、本当に嬉しい気持ちになるし〝上手くなれよ〟と心の中で強く願う。そして、私のチーム作りを支えてくれている若いスタッフたちが、彼らに付き添って目を行き届かせてくれていることも、きっと選手たちの大きな励みになっているに違いない。

朝練習、居残り練習は推奨しない

私は基本的に、朝練習や居残り練習を奨めていない。朝早くに学校に来て、朝練後に授業で居眠りをするような野球部員では言語道断だからだ。また、もし私が朝練の様子を覗きに行ったり手伝ったりすると、何となく全員が参加しなければいけない空気になってしまう。そうなると、チームの中に「あいつは毎日朝練をやっているのに、試合に出られない」とか「あいつは朝練に来ていないのに試合に出ている」とか、あたかも朝練が試合に

「出る、出ない」や、評価の基準であるかのように選手が勘違いをするかもしれない。

自宅から通う選手の中には、家庭の都合でお弁当を自分で作ってくる者もいるだろうし、自転車で1時間以上かけて学校に通う選手も少なくはない。部員の半数以上を占めている寮生が朝練をしようとすると、現在の起床時間よりもかなり早く起きなければならないし、遠方の自転車通学の選手も同様だ。

自主練習はやれるに越したことはないが、健康的な学校生活に必要な睡眠時間が充分に確保できない、食事の時間が不規則になる、などといったデメリットが大きいのであれば本末転倒である。また、朝食やお弁当の準備などをする家族にも、大きな負担となってしまうだろう。だから私は、それほど朝練を重要視していないのだ。それでも朝練をやっている選手はいるが、早朝から陸上部が優先して練習を行っているので、できることは室内での練習やウエイトトレーニングなどにかぎられている。

全体練習後の居残り練習は、そもそも全体練習を消灯ギリギリまでやっているので、時間を充分に確保できない。練習は20時半頃までしているので、片付けが終わる頃には21時を過ぎてしまう。そこから居残り練習をやろうと思うと、帰宅時間がかなり遅くなる。

また、定期考査や商業の検定試験前には、学習時間を確保することも心掛けている。練習が早く終わっても解散せず、教室に残って1時間や2時間をかけて勉強に取り組ませることも多いので、居残り練習をやる時間は取りにくい。大会が近くなってくると、試合に出るベンチ入りのメンバーを残らせて、調子を上げていくために打ち込みをやらせることもあるが、それは年間の一時期だけのことである。

私は日頃から、積極的に「隙間時間の活用」をするよう選手に言っている。自分がやりたいことがあれば、全体練習の中で隙間時間を見つけてやればいい。そのように時間の使い方を工夫する習慣がついてくると、様々なところに相乗効果が表れてくるだろうと考えている。

B戦をするよりも……

松山商では、今治西時代にはあまりやっていなかった班分け練習にも取り組んでいる。これもコロナ禍による活動時間の制約が影響している。当時の愛媛県には「部活動は2時間以内」という制限があった。その中で全選手が一度に練習をしようと思うと、場所と内容がかぎられてしまうし、目が行き届かない選手も出てくる。そこで、全体を3班に分けて練習すれば、ひとり当たりの練習量も増えるし、結果的に密も避けられると考えたのだ。

もちろん、私はすべての班で選手の指導に当たっていた。

松山商には、私を含めて指導スタッフが5人いる。アフターコロナとなった今でもいくつかの班に分けて練習し、それぞれのコーチが各班の指導に当たって練習を進めている。シーズン中は、AチームとBチームに分けて活動することもある。現在は吉野と私がAチームを、坪倉と高橋がBチームを見ている。B戦については、控え選手のアピールの場、練習の成果を試す場として当然組んであげたい。しかし、シーズン中はグラウンドを使って練習するのは、どうしてもAチームの選手が中心となる。

そこで週末ごとにB戦を組んだとしても、控え選手が充分に練習できないまま試合をするようでは意味がないと思うのだ。であれば、Aチームが遠征に出ている間にグラウンドを存分に使って練習し、自身の力量を高めてほしい。B戦をやったからといって全員が試合に出られるわけでもない。B戦にすら出場できない者が出てくることを考えると、練習で各自に必要なことをみっちりさせてあげた方が良いのではないか。

とはいえ、月に何度かはB戦も行う。その場合、Aチームの試合がなければ、B戦の監督は私がする。「Bチームの選手はすべてコーチ任せ」ということは絶対にしない。グラウンドで頑張ってくれている選手の活躍を間近で見たいと思うのは当然のことだし、普段は出場機会の少ない彼らが活き活きとプレーしている姿は新鮮で、私にも力を与えてくれるのだ。

監督の大切な仕事のひとつにメンバー決めがあるが、私はコーチに練習を任せることはあっても、メンバー決めを任せることは絶対にない。すべての選手の力量、取り組みを私自身が見て、大会を勝ち抜いていくためのメンバーを、誰もが納得してくれるように説明できるまで考えに考え抜いて決める。そのためには普段から誰よりも選手を観察し、選手と向き合うことが不可欠だ。また、それが監督の大事な役目だと思っている。

終章
高校野球新時代
野球の素晴らしさを見せていく時

新基準バットでは走者三塁を作ることが大事

2024年春からは、いよいよ新基準バットでの戦いに突入する。

今度のバットは最大径が従来の67ミリ未満から64ミリ未満と3ミリ細くなった一方で、打球部の素材はこれまでの3ミリから4ミリ以上と厚くなった。つまり、旧型よりも細くなったうえに、ボールの接地面とバットの芯との距離が離れてしまうため、反発力が大きく削減する。日本高野連の実験数値によると、平均打球速度が6・3キロ、飛距離は10mほど削減されると発表されている。

今回の変更は、重大事故防止が一番の目的だと聞いている。近年は打撃技術の向上に伴って打球速度が大幅に上がり、打者にもっとも近い投手のケガへの懸念も増す一方だった。実際に、甲子園でもピッチャー返しの打球で投手が頬骨を骨折する事故が起きている。やはり競技の安全性確保は、何よりも優先されなければならない。また、投手の負担軽減にも大きな役割を果たしてくれるものだと思う。

実際に打ってみると、打球速度や伸びがずいぶん違ってきたと感じる。普通の当たりだと、体感では10m以上は違っている印象だ。しかし、しっかり捉えれば打球は飛ぶので、まったく飛ばなくなったわけではない。ただ、その芯が極端に狭くなったことで、飛ぶポイントが以前よりも格段に少なくなっているのは間違いないだろう。

秋の四国大会で負けた後の練習試合から、この新基準バットを使用しているが、その中で私が選手と一緒に作った決め事のひとつが「必ず先頭打者が出ること」だった。以前のように連打で点が入ることは少なくなるだろうから、先頭打者を出すことの重要性が今まで以上に大きくなってくる。

そして、しっかり走者を三塁に進めることだ。長打での得点が減ってくるのは間違いなく、外野手は以前よりも前めにポジションを取ってくることも考えられる。そうなると、今までのように二塁走者が「ワンヒットツーラン」で還ってくることが難しくなってくる。今後は走者二塁が「得点圏」ではなくなることも考えられるので、できれば一死三塁が理想だが、バントをふたつしてでも二死三塁に進めておきたい。そうすれば、ワンヒットで還ってくることができるし、バッテリーエラーでの得点も狙える。

新基準バットへの対応という意味でもっとも苦労するのは、2024年の2・3年生だろう。スタートから新基準バットを使用することになる1年生ならまだしも、上級生たちは従来のバットでいかにヒットを打つかという打撃練習を積んできた。もちろん彼らも、いち早く新基準バットの感覚に慣れていかなければいけないが、多くの者は従来とはまったく異なる打球速度や打球の伸びに戸惑いを隠すことはできないはずだ。

それはチームを率いる監督も同じで、夏までにいくつもの対外試合を重ねていく中で、いち早く新基準バットの傾向を掴み、対策を立てていかなければならないと思っている。

バット変更で公立高校は再浮上のチャンス!?

一方、守りの観点から言えば、併殺を取り損ねないように心掛けたい。内野ゴロの打球速度がかなり落ちるはずなので、内野手を強襲するような強い打球は激減するだろう。そのぶん、内野手が打球の正面に入り切れるようになってくるだろうし、走者がいれば野手も浅めに守っているので併殺は極端に増えると思う。走者がいない状況でも、守備位置は若干浅めになるはずだ。そうなると、打球正面に入るための足さばきやグラブさばきの練習が以前よりもさらに重要度を増してくることになるだろう。

逆に外野手は、安易にポジションを前に取ると危険かもしれない。現在は地方でも球場が広いので、従来のポジショニングをある程度は維持しながら練習していかないと、後ろを抜かれてしまえばランニングホームランになってしまう。私が試合形式の練習を行う時は、後方の飛球を練習させるために外野手をあえて浅めに守らせているが、いざ公式戦となれば、相手の主力打者の場合は以前と変わらない守備位置に守るのが基本になると思う。

一方で非力な打者については、以前よりもかなり前にポジションを取るケースが出てくるだろう。たしかに外野手が浅めのポジショニングを取れば、打者走者のライトゴロや二塁フォースアウトを狙うセンターゴロも増えてくるかもしれない。ただ「オーバーフェンスは減るかもしれないが、ランニングホームランは増える」という意識を常に持っておかなければ痛い目に遭うだろう。だから私は、今でも外野手には「後ろの飛球をどこまで追いかけられるか」という練習をさせている。

そして、今までなら〝抜けた!〟と思うような上がり方をした打球に、追いついてしまうケースもかなり増えるだろう。また、メーカーによっては甲高い音を発するわりに飛距離が全然伸びないバットもあるし、普通の内野ゴロでもすごくいい音が出るものもある。逆に、鈍い音でも鋭く飛んでいくバットもある。したがって、慣れない間は音による打球判断のミスにも気をつけなければならない。

バッテリーは、どれだけしっかり内角に投げられるかが大事になってくる。従来のバットでは、高校野球で相手をゼロに封じることは難しいと考えていたが、バットが変わったことによってそれが充分可能になってくると予想している。

個人的には、私たちが取り組んできた公立高校としてのチーム作りから考えると、今回の規格変更は大きなチャンスだと捉えたい。甲子園では当たり前になっている複数投手制や、圧倒的な打力を持つチームに継投で向き合う、といった昨今の高校野球を公立高校が実践することに、限界が来ていたのは確かだ。そこにきて、今回の飛ばないバットの採用である。ここに勝機を見出している公立のチームは多いと思うし、今後も増えていくのではないだろうか。

進む高校野球の「二極化」

愛媛県では、過疎化が進む一部の地域で部員不足に苦しむ学校があるものの、依然として多くの学校に甲子園出場のチャンスがある状態が続いている。5、6試合を勝ち上がるのであれば10チームぐらいに絞られるのだろうが、1試合だけならどちらが勝つか分からない。大会初戦は、本当に何が起こるか分からない組み合わせの連続だ。

愛媛県勢の甲子園春夏連続出場は2015年の今治西が最後で、2017、18年の済美を最後に夏の2年連続出場もない。また、2023年の松山商のように、シードとはいえ必ずしも有利だとは言えない怖さもあるのが愛媛県なのである。

一方で、甲子園のテレビ中継を観たり、実際に甲子園で戦ったりしていると、普通の高校では手も足も出ないようなレベルの高い野球をやっている学校が、明らかに増えてきたと感じる。同じ高校生がやっている競技なのに、甲子園の常連校と県大会で勝つか負けるかの学校とでは、まるでカテゴリー違いのような実力差が生じている。

このようなチーム間格差がどんどん拡大し、高校野球も「二極化」が進みつつあるのかもしれない。熾烈な争いが繰り広げられている愛媛県にいることで、あまり直に実感することは少ないものの、高校野球界の10年後、20年後、あるいはもっと先の未来を考えたら、やはり避けては通れない問題になってくるだろう。

昨今は野球の競技人口が減り、高校野球でも単独でチームを編成できない学校が増えてきている。公立校はさらに再編が進み、統合していく学校も増えていくだろう。そうすると、高校の数そのものが絞られてくるので、野球部の数云々を言っている場合ではなくなってくる。いずれは夏の大会を30校、20校ほどで戦う県が続出するだろうし、今がその転換期にあるのは間違いない。

2024年センバツにも出場する徳島県の阿南光は、阿南工、新野が統合して2018

年に開校した県立高校だ。このように、複数の学校が統合した後に強くなるチームも増えてくるだろう。ここ愛媛県でも数年後の高校再編の案が出されており、定時制だけになる高校もあれば、同じ地区で3校が統合されることが決まっている学校もある。そうなると、分散していた選手の流れが変わってくる可能性もある。阿南光のように統合して強くなる学校も出てくるからだ。

このまま二極化が進めば進むほど、地方の高校野球はますます先細りしていく可能性がある。現場で高校生の指導に当たる私たちは、この問題についても正面から向き合う時が来ているのではないだろうか。

野球の楽しさと素晴らしさを見せていく

私自身も野球の競技人口減については、ずいぶん以前から関心を持っており、県の高野連にも監督会などを通じていろいろな話をしてきた。

現在は、各メディア等を通してあらゆるスポーツが脚光を浴びている。以前のような野球一色の世の中ではなくなっているのだ。そういう背景の中、少子化によってもともとの数が少なくなってきている子供たちの選択肢が、格段に増えた社会になってきたということだと思う。

野球が持つルールの難しさを理解すること、打撃に代表される技術の習得に膨大な時間がかかってしまうことを敬遠する人も少なくないのかもしれない。用具を揃える際には、ほかの球技以上に費用がかかる。また、キャッチボールひとつするにしても場所がかぎられてしまう。そういうことを踏まえて考えた時に、むしろ野球というスポーツが本当の意味で正しく理解され、より適正人口に近づいているのではないかとも思う。

私は体育の教員なので、ほかの部活動の生徒がどれだけ頑張っているかを知っているし、目にもしている。それに授業でソフトボールをすれば楽しいし、卓球だってバスケットボールだって、どんなスポーツでも楽しいのだ。その中から「自分はこれだ」というものを選んでいけばいいと思う。

しかし、私も野球によって育てられた人間のひとりとして、野球の競技人口が減っていくことへの寂しさは感じている。では、私たち野球人はどうやっていくべきか。一番は、野球をやっている人たちが「野球ってこんなに楽しいんだよ。こんなにすごいんだよ」ということを見せ続けていくことだと思う。

2023年のWBCでは、日本戦全試合の民放視聴率が40%を超えたのだという。テレビ離れが加速する一方の現代社会で、この数字はまさに驚異的と言わざるを得ない。大会後も関連番組の放送が相次ぎ、情報番組内でも大谷翔平選手ら優勝メンバーの所属チームでの活躍を、シーズン中にも毎日のように伝えていた。それだけ人々を魅了する力が、野球にはあることを証明してくれたのだ。そういう意味では、WBCにおける侍ジャパンと選手たちの功績は計り知れず大きいと思う。また、毎年多くの人々を釘付けにする甲子園大会にも同様のことが言えるだろう。

プレーする人が減っているのなら、見てもらえばいい。スポーツには「する」だけではなく「見る」という関わり方もある。ボランティアなどで「支える」スポーツもあるし、マスコミの方々も「伝える」立場でスポーツに携わっている。だから、私は競技をしている人が少なくなったからといって、野球が衰退しているということには繋がらないと思う。それを証明したのが、WBCでの侍ジャパンだった。そして、彼らは日本の野球が世界一だということも証明してくれた。

野球人気が下火になっているとは思わない。実際にプレーしている競技人口が減っているだけであって「野球は楽しい」と思う人が減っているわけではないだろう。〝もし自分がやるんだったら、お金もかからないサッカーの方がいいな〟と思っている人も当然いるはずだ。しかし「野球は楽しいんだよ、すごいんだよ」ということを、私たち高校野球関係者を含めた実際に野球をやっている人が伝え続けたり、見てもらったりする努力は続けていくべきだと思う。

球種伝達で取った点は1点もない

野球の楽しさ、すごさ、そして素晴らしさを伝えていくためにも、常に本気と本気、魂と魂がぶつかり合うような真剣勝負を見せていくことが大事だと思う。そういう意味では、長らく禁止されているにもかかわらず、二塁走者やランナーコーチからの球種伝達という問題行為がいまだに話題になることが、なんとも悲しい。

こうした不正行為はもちろん取り締まるべきだと思うが、厳しいペナルティを決めてしまうと、冤罪が出てくる可能性もある。もし本当にやっていない指導者や選手に罪が着せられる事態は、絶対に避けなければならない。しかし「やっている」と思われても仕方がない疑わしい行為や紛らわしい行為は、指導者が徹底してやらないように教育することはできるはずだ。「選手が勝手にやっていました。すみません」という言い逃れは、大人としてもっとも見苦しいということを自覚すべきである。

このような行為は、私の野球にはまったく無縁なものだと自信を持って言い切れる。もし、私に内緒で選手たちがやっていたことが分かった時には「たとえ自分のチームの選手であっても訴える」と言っているし、私がそういう行為をもっとも嫌うということを選手たちが一番理解してくれている。

それに、選手たちには勝っても負けても、高校野球に良い思い出を残しておいてほしい。彼らが大人になって酒を酌み交わす時に「あの時は、あいつが上手くサインを盗んでくれたから勝てた」とか「あの時にセカンドから送られたサインのおかげで一本出た」といった会話をしてほしくないし、そんな話を肴に飲む酒が本当に美味いのかということを、私はいつも選手たちに問いかけている。もちろん、大人になった教え子が私の前でそういう話をすることはないし、私が彼らを信じる気持ちも不変である。

とにかく私は、どれだけ「貧打だ」、「まったく打てない」などと言われても「球種の伝達」だけはやったことがない。誰に対しても「球種の伝達で取った点は1点もない」と言い切れる自信がある。ちなみに、私がコーチで参加した高校日本代表でも、そうした行為はなかった。それもそのはず。文字通り「高校野球の日本代表」なのである。日本が誇る高校野球の代表で、そんな恥ずかしい行為はまずありえない。

今治の別宅で「飲みニケーション」

私は今治に、友人やお客さんと楽しく酒を酌み交わすための別宅を所有している。過去には日大三の小倉監督や山梨学院の吉田監督、愛工大名電の倉野光生監督などが来てくださったことがあり、年末年始には教え子が入れ代わり立ち代わりで毎年100人ぐらいは集まってくる。

教え子の集まりは、原則「学年ごとで」と言ってある。2学年、3学年合同の飲み会はここでは行っていない。酒が入ると、どうしても先輩・後輩の間で学年を超えたいろんな感情が沸き上がり、良からぬことが起きないともかぎらないからだ。でも、同じ学年であれば気兼ねなくやれるだろう。社会人になれば給料もいただいているので、外のお店で飲むこともあると思うが、どういう場であっても呼ばれたら、私は可能なかぎりそういう教え子が集まる場には顔を出すようにしている。

そんな中でも毎年12月30日は二十歳になる学年、1月2日は大学を卒業する22歳の学年というように、それぞれ使用できる日にちと学年を限定しているが、あとの日は空きがあればどの学年が来てもいい。

　そして2023年の年末には、ついに今治西と松山商の教え子が同席することになった。当時の両校主将が、連絡を取り合い30人ぐらいが集まって開催し、もちろん私も出席した。学校を超えた教え子たちの集まりを目にして〝こいつら、若いのに上手いことやっているな〟と感心させられたのと同時に、とても嬉しく思ったものだ。

　酒を飲みながら、高校時代の苦楽をみんなで振り返る。彼らの楽しそうな顔を見ながら飲む酒は、最高に美味しいものだ。私は今後も、教え子たちが帰ってくるこの場所を大切にしていきたいと思う。

　また、年末の12月23日には寮にいる上級生（2年生）の保護者を別宅に招き、20数名が参加しての飲み会を行った。保護者との飲み会は伯方の頃から行っているが、コロナによる影響で松山商では初めての実施となった。

　グラウンドを預かっている現場の指導者と保護者は、選手にとっては両輪だ。野球の場において選手を預かっているのは監督だが、選手にとっては保護者も生活を支えてくれている大切な存在である。学校に通わせてくれているのは、監督ではなく保護者なのだ。したがって、いくら高校野球の監督とはいえ、両輪の片側を疎かにすることはできない。だから、選手にとっての両輪が一定の相互理解を深める機会は、頻繁ではなくてもあった方がいいと私は思う。監督と親が信頼関係を築いていることは、選手にとっても間違いなく嬉しいはずなのだから。

打ち出していきたい松山商の「色」

私学のチームには私学のチームの良さがあるし、公立の学校には公立の学校の良さがある。しかし、有事の際に公立高校にかかる制約が、いかに厳しいものか。それがはっきりしたのが、2020年以降のコロナ騒動だった。ただ、私学にも公立にはない学校の中での難しい部分はあるはずだ。だから、同じ土俵で戦っている以上「私学・公立の区分け」を勝敗に持ち込むのは、指導者として何の意味も持たないことである。

では、公立の学校がどういう独自性を打ち出していくのか。自分たちだからこそできる工夫とは何なのかを常に考えるべきだ。ここ松山商においては、そのひとつが検定試験である。私が保護者会で毎回のようにお願いしているのは「体作りへの支援」、「不祥事防止への協力」そして「検定試験について、家庭でも関心を持ってもらいたい」ということだ。検定試験についてはこういう言い方をして保護者に理解を求めている。

「私は、今治西という文武両道の学校で3年間学びました。だけど、在学中は野球のことを考える時間がほとんどで、正直に言うと野球を言い訳にしていた部分もありました。そして、試合で負け続けながら3年の夏が終わった時に〝このままでは終われない〟と思い、大学だけはスポーツ推薦や高校からの推薦をもらわずに、自分の力で勉強して行こうと決心したのです。

もちろん、大学入試までの半年では合格など無理だと分かっていましたが、それでも挑戦して、結果はやはり不合格でした。そこからもう1年かけて、予備校に行きました。そうやって受験勉強を1年半やった結果、大学に合格して今に至っているのです。

自分の今を支えてくれているものがふたつあります。高校野球をやった2年半と、自ら浪人してまで大学受験をやり切ったことです。ただ、このふたつのうち、どちらだ？　と聞かれたら、私は間違いなく大学受験の方だと答えます」

あくまでも、野球は好きだからやったこと。一方で、勉強が好きではなかった私が、自分のために必死で学び大学に入学することができた。私がそうだったように、自分にとって苦手なことや避けてきたこと、好きではないことに取り組んで結果を出した時には、とてつもなく大きな自信になる。

野球で同じだけの自信をつけようと思ったら、途方もない時間がかかるし、中には最後まで結果が出せない者もいるだろう。だから、検定試験の勉強に取り組んだ結果、合格すれば野球で得られる以上の自信を身につけることができるのだ。もちろん、前回より点数が上がったという小さな成功体験も、自らを支える力になるだろう。

とくに商業高校の場合は、検定試験が日頃の学習の成果を確認できる場であり、その結果によって進路が開かれることもある。つまり、人生を大きく左右するほどの大事な試験なのだ。野球にも検定試験にも全力で取り組み、松山商ならではの文武両道を目指していく。それを松山商の新しい「色」としてさらに強く打ち出していくため、これからも選手たちに対して日々呼びかけていきたいと思う。

おわりに

私自身もいろんなことを経験しながら、ずいぶんと変化してきたと思う。

大きな転機といえば、コーチとして参加した日本代表で、小倉監督の「言葉の力」を感じたこと。それから、謹慎を受けてしまったがために甲子園のベンチに入ることができず、試合中にイップスに陥った教え子の傍にいてやれなかったこと。そして、コロナだ。

私にとっては、新型ウイルスによる大パニックの中での松山商転勤だった。その中で迎えた2020年5月20日は、高校野球に携わる私にとっては生涯忘れることのできない一日となった。私は「甲子園大会の中止」というニュースを、寮のテレビで選手たちと一緒に見ていた。私自身はすでにその事実を知っており、もっともテレビに近い最前列の椅子に座って見ていたが、背後からは3年生たちのすすり泣きが聞こえ、私は振り向くことすらできなかった。感染症対策で部活動が中止となったまま、結局は3年生と一度も同じグラウンドに立つことがなくその日を迎えてしまった。この無念さは、言葉で言い表すことができないほどの大きさだった。

野球がやりたいのに何もできない3年生たちのつらさは、想像を絶するという言葉では片付けられないほどの思いだったに違いない。それ以降の私は〝もうこれ以上、決してこの子たちから野球を取り上げてはいけない〟と心に決め、より選手たちに寄り添うことに重きを置くようになった。

コロナが落ち着き、松山商の野球部も徐々に通常の活動形態を取り戻していった。その中で私は「平等と公平」という軸のもと「寮を活用したチーム作り」、「生活の中に野球を取り入れること」、「自分に必要な練習を選択すること」、「何のために練習をしているのか」、「どういう選手になりたいのか」を選手たちに説き続けていくことになる。

その結果、就任2年目が終わる2022年春の県大会では、幸いにも17年ぶりに愛媛県で優勝し、四国大会出場を果たすことができた。ところが、初戦で高松商に0－7のコールド負けに終わってしまった。その時、私は〝たしかに一歩前進はしたが、甲子園まではまだまだ時間がかかるな〟と痛感したことをはっきりと覚えている。

そこからは、とにかく1年に一歩ずつ進んでいったらいいと思った。もちろん毎年甲子園には行きたいし、行かせてあげたい。ただ、そこばかりを考えてしまうと、下から着実に積み上げていくチーム作りができない。だから〝一歩一歩なんだ〟と自分に言い聞かせるようにやってきた。

愛媛県を制した2023年秋は、直前の夏初戦敗退から挽回しての優勝だった。松山商に来て2年目以降は3年連続でシード校として夏に臨んだが、いずれも自分たちの力を発揮させてやれないまま終わっている。ノーシードなら大会で力を出せるのに、シードでは勝てない。しかし、この秋は第2シードからの優勝だった。この小さなジンクス打破も、チームにとっては確かな前進と思える一歩だった。

そして〝一歩ずつ〟を意識しているうちに少しずつ結果が伴うようになり〝一歩ずつ〟が〝あと一歩〟に変わってきたという手応えを摑み始めているところだ。

こうなると、甲子園では抜群の実績を誇る松山商だけに、いやが応にも「古豪復活」を期待する声は高まっていく。その一方で「保護者会やOB会、後援会とはどう付き合っていけばいいのか悩んでいます。松山商さんも大変ですか?」と、若い指導者の方から聞かれることも多くなってきた。そんな時、いつも私はこう答える。

「松山商の後援会やOB会は、現在の会長さんの理解のおかげで、現場を大切にしてくれるんですよ」と前置きをしたうえで「大切なのは指導者がどちらを見て野球をやるのか。それを忘れないことです」と言っている。

私たち高校野球の監督は、とことん選手と向き合っていくことが大事なのだ。それに尽きると思う。ところが、どこかでそれを見失う人が多いのだろう。人として、どうしてもまわりに良い顔をしたくなるのは当然のことではあるが、おそらく高校野球の監督の場合は、まわりに10人いたとしたら賛成は半分以下、反対は半分以上だと思っておいた方が良い。それぐらいの覚悟を持っていないと、本当に必要なことができなくなるだろう。

選手にとってより良い環境を整え、毎日のグラウンドでの活動や監督の指導方針に、選手が納得して取り組んでもらえることこそが重要だと私は思っている。

私のまわりには、同級生たちで結成する「46年会」の仲間をはじめ、多くの戦友がいる。駒澤大の監督に就任した香田誉士史は、私たち学年の先頭を走ってきた男だ。駒大苫小牧で夏の甲子園を連覇し、社会人野球の監督としても都市対抗8強。このように、人がなかなか成し遂げられない世界を彼は経験している。とにかく彼が持っているエネルギーは、果てしなく大きい。私もいろんな監督さんとお付き合いをさせていただいているが、彼ほど大きなエネルギーを持った方にはあまりお会いしたことがない。

今治西時代は甲子園に出場するたび、私より年下の監督さんを誘って食事に出かけたりもしていた。盛岡大付の関口清治監督、静岡の栗林俊輔前監督、作新学院の小針崇宏監督をはじめ、多い時には10人ぐらいが集まったこともあった。

とくに小針監督は筑波大の後輩にも当たり、栃木大会10連覇で途絶えた２０２２年の夏も、試合の翌朝に「松山に行っていいですか？　負けた瞬間、真っ先に大野さんの顔が浮かんだので、松山から新チームを始めようと思いました」と連絡があり、本当にチームを連れて4日間ほど松山に来たこともあった。また、私が無二の盟友だと思っている鹿児島実の宮下正一監督も、２０２３年夏の鹿児島大会に敗れた直後、チームを連れて愛媛に来てくれた。

そんな仲間たちの「本気」に触れ、新しいモチベーションに繋げることができているのだから、私はつくづく幸せ者だと思う。

松山商は甲子園が見えるところまで来ている。そして、新しくバットの規定が変更されるこのタイミングで、今まで私たちがやってきた野球に自信が持てる時代になっていくのではないかと、私自身が強く思っている。

松山商野球部のＯＢ会からは、絶大なバックアップをいただいている。また、野球部には後援会もあり、会長さんは寮生や寮を預かる私たち夫婦のことをいつも気にかけてくださるうえに、いろいろと差し入れをしていただいているので本当に感謝している。何度も言うように、寮での充実した生活なくして松山商の再浮上は難しいと思っているので、後援会、OB会からの行き届いたサポートは何よりも心強く、甲子園を目指す私たちの背中を強く押してくれている。

また、校長先生をはじめとする松山商の教職員のみなさん。野球部関係者のみなさん。いつも球場まで応援に来てくださるファンのみなさん。今治西時代から私を支えてくれている方々。私と一緒に甲子園を目指してくれている野球部の選手たち。保護者のみなさん。こんな私をしっかり支えてくれるスタッフの先生方。窪田元監督、澤田元監督をはじめとする歴代OBのみなさん。地元企業の方々をはじめとする後援会のみなさん。そして、いつも笑顔で寮の切り盛りをしてくれている妻の史子には、この場を借りて心の底から感謝を申し上げます。

野球部員にとって、一番身近にいる大人が私たち指導者であり、監督である。だから彼らが〝こういう大人になりたい〟と思ってもらえるような存在でいたい。そんな私の思いが選手に伝わっていけば、きっとその時は遠からず訪れるだろう。〝夏将軍復活〟に向けて全力を傾注していくことを誓い、ここでペンを置きたい。

2024年2月

松山商業高校　硬式野球部監督　大野康哉

選手に寄り添う
徹底力

2024年３月29日　初版第一刷発行
2024年６月25日　初版第二刷発行

著　　者／大野康哉

発　　行／株式会社竹書房
〒102-0075 東京都千代田区三番町8-1
三番町東急ビル6F
email：info@takeshobo.co.jp
URL　https://www.takeshobo.co.jp

印 刷 所／共同印刷株式会社

カバー・本文デザイン／轡田昭彦＋坪井朋子
カバー写真／杉野一郎
取材協力／松山商野球部
編集・構成／加来慶祐

編 集 人／鈴木誠